누구나 쉽게 배우는 실전 마케팅 전략

누구나 쉽게 배우는
실전 마케팅 전략

백미르 지음

다온길

프롤로그

마케팅으로 세상을 바꾼다
- 전략의 진짜 힘

마케팅은 흔히 어렵고 복잡한 개념처럼 느껴질 수 있다. 하지만 사실 우리 일상 속에서 매일 경험하고 있는 것이 바로 마케팅이다. 예를 들어, 왜 친구가 새로운 카페를 추천할 때 흥미를 느끼는가? 친구가 추천하는 카페는 '맛있다', '분위기가 좋다'는 정보를 제공하면서 우리의 관심을 끈다. 이 과정이 바로 마케팅의 한 형태다. 마케팅은 사람들의 관심을 끌고, 그들이 무언가를 경험해 보도록 유도하는 모든 활동을 포함한다. 기업은 제품이나 서비스를 더 많은 사람들에게 알리고, 그들의 선택을 이끌어 내기 위해 다양한 마케팅 활동을 펼친다.

현대 비즈니스 환경에서 마케팅 전략은 기업의 성공에 필수적인 요소다. 마케팅 전략이란 목표를 달성하기 위해 계획을 세우는 과정으로, 기업이 어떻게 소비자에게 접근하고 그들의 관심을 끌어낼 것인지에 대한 청사진을 제공한다. 예를 들어, 축구 경기를 할 때 무작정 공을 차는 것보다, 상대 팀의 약점을 분석하고 그에 맞춘 전략을 세우는 것이 훨씬 더 효과적이다. 마찬가지로, 기업도 마케팅 전략이 있어야 목표를 향해 효율적으로 나아갈 수 있다. 소비자의 취향과 행동을 분석하고, 경쟁사를 연구하며, 자사의 강점을 극대화하는 전략을 세우는 것이 중요하다.

마케팅 전략의 중요성은 여러 글로벌 브랜드의 성공 사례에서 잘 드러난다. 애플은 혁신적인 디자인과 감성적인 스토리텔링으로 전 세계 소비자와 연결되었고, 나이키는 "Just Do It" 슬로건을 통해 강렬한 브랜드 이미지를 구축했다. 스타벅스는 특별한 고객 경험을 제공하여 단순한 커피숍 이상의 가치를 만들었으며, 아마존은 최적화된 유통 전략으로 신뢰받는 전자상거래 플랫폼으로 성장했다. 다이슨은 기술 혁신을 통한 제품 전략으로 시장을 확장했고, 넷플릭스는 맞춤형 콘텐츠 추천 알고리즘과 창의적인 콘텐츠 마케팅으로 전 세계 구독자들의 마음을 사로잡고 있다. 이러한 성공 사례들은 마케팅 전략이 단순한 판매 촉진 이상의 역할을 한다는 것을 보여준다. 소비자와의 연결을 강화하고 브랜드의 가치를 높이는 데 중요한 역할을 한다.

마케팅은 단순히 제품을 판매하는 활동이 아니라, 소비자와의 관계를 형성하고 브랜드의 가치를 전달하는 중요한 전략이다. 성공적인 마케팅 전략은 기업이 시장에서 차별화되고 경쟁 우위를 확보하는 데 필수적인 요소다. 이제 마케팅 전략이 무엇인지, 그리고 그 전략이 어떻게 기업의 성공을 이끄는지 더 깊이 알아보자.

백미르

차례

프롤로그 _ 마케팅으로 세상을 바꾼다 – 전략의 진짜 힘　　　4

1장　마케팅 전략의 개요와 기본 개념 이해하기

01 마케팅 전략이란 무엇인가?　　　13
02 마케팅 믹스와 핵심 요소　　　17
03 소비자 행동과 시장 조사　　　21
04 경쟁 분석과 포지셔닝 전략　　　26
05 주요 마케팅 전략 유형과 성공 사례　　　30

2장　기술 혁신과 마케팅 전략의 결합

01 AI와 빅데이터 시대의 마케팅 전략　　　37
02 기술 기반 마케팅의 접근 방법　　　42
마케팅 사례　엔비디아의 혁신적 마케팅과 시장 확장 전략　　　47

3장　강력한 브랜드를 구축하는 방법

01 브랜드란 무엇인가?　　　55
02 브랜드 정체성 및 스토리텔링의 중요성　　　59
마케팅 사례　애플, 나이키의 브랜드 전략　　　64

4장 제품 전략으로 혁신을 이끄는 방법

01 제품 개발과 제품 수명 주기 관리 73

02 차별화된 제품 전략의 중요성 78

마케팅 사례 다이슨의 혁신적 제품 개발 전략 83

5장 효과적인 가격 전략 수립하기

01 가격 책정의 다양한 방법 91

02 가격 조정 및 프로모션 전략 96

마케팅 사례 이케아의 가격 전략과 시장 확장 101

6장 유통 경로 최적화와 채널 관리

01 유통 경로와 채널 선택의 중요성 109

02 옴니채널 전략 및 디지털 전환 114

마케팅 사례 아마존의 유통 네트워크와 채널 전략 119

7장 촉진 전략과 마케팅 커뮤니케이션의 힘

01 광고, 홍보, 퍼포먼스 마케팅 등 다양한 촉진 활동   127
02 소셜 미디어와 인플루언서 마케팅   132
마케팅 사례   코카콜라의 글로벌 광고 캠페인   138

8장 디지털 마케팅 전략의 성공 요소

01 디지털 마케팅의 개요 및 최신 트렌드   147
02 검색 엔진 최적화, 콘텐츠 마케팅, 이메일 마케팅   152
마케팅 사례   구글의 디지털 마케팅 활용 전략   157

9장 고객 경험(CX) 극대화하기

01 고객 경험의 중요성과 관리 방법   165
02 고객 피드백을 통한 개선과 혁신   170
마케팅 사례   스타벅스의 고객 경험 전략   175

10장 지역별 마케팅과 글로벌 전략

01 지역별 마케팅 전략의 차별화 　　　　　　　181
02 글로벌 브랜드의 현지화 전략 　　　　　　　　186
마케팅 사례 맥도날드의 현지화 마케팅 전략 　　191

11장 마케팅 성과 측정과 데이터 활용

01 주요 성과 지표와 분석 도구 　　　　　　　　　199
02 데이터 기반의 마케팅 의사결정 　　　　　　　205
마케팅 사례 넷플릭스의 데이터 활용 전략 　　　210

12장 효과적인 마케팅 선략을 위한 체크리스트

01 마케팅 전략 수립의 10가지 핵심 포인트 　　　217
02 성공적인 마케팅을 위한 팁과 조언 　　　　　　221

1장
마케팅 전략의 개요와 기본 개념 이해하기

마케팅 전략이란 무엇인지, 그 개념과 핵심 요소들을 이해하는 방법을 다룬다. 마케팅 믹스와 소비자 행동 분석, 시장 조사 등을 통해 전략 수립에 필요한 데이터를 얻는 방법을 설명한다. 또한, 경쟁사 분석을 통해 시장에서 자리를 잡는 포지셔닝 전략을 소개하고, 다양한 전략 유형과 성공 사례를 통해 효과적인 마케팅 전략의 기초를 제공한다.

01
마케팅 전략이란 무엇인가?

마케팅 전략을 쉽게 이해하기 위해, 마케팅을 여행에 비유해보자. 여행을 갈 때, 대부분 우리는 목적지와 여정을 계획한다. 여행의 목적지(목표)를 정하고, 그곳에 가기 위해 필요한 준비물과 이동 수단을 결정하며, 경로를 계획한다. 이 모든 준비와 계획이 없이 그냥 길을 떠난다면, 결국 목적지에 도착하지 못하고 길을 잃을 확률이 높아진다.

마케팅 전략도 이와 비슷하다. 마케팅 전략은 기업이 목표를 달성하기 위한 "길잡이 지도"와 같다. 기업이 성공하려면 단순히 제품을 만들어 파는 것만으로는 부족하다. 그 제품이 어떤 고객에게 필요할지, 그 고객에게 어떻게 다가갈지, 어떤 가격에 판매할지, 어디에서 판매할지 등을 종합적으로 고민하고 계획해야 한다. 마케팅 전략은 이러한 모든 요소를 하나의 큰 그림으로 묶어주는 역할을 한다.

예를 들어, 한 중소기업이 새로운 친환경 물병을 출시하려 한다고 가정해보자. 이 기업이 가장 먼저 해야 할 일은 '누가 이 제품을 필요로 할까?'라는 질문에서 출발하는 것이다. 친환경 물병이라면 환경 보호에 관심이 많거나, 건강하고 지속 가능한 소비를 선호하는 고객들이 주요 대상이 될 수 있다. 따라서, 이 기업은 이러한 타깃 고객을 구체적으로 정의하고, 그들의 특성과 구매 동기를 분석해야 한다.

그 다음 단계는 '어떻게 하면 이 사람들이 우리 제품에 관심을 가질까?'라는 질문을 던지는 것이다. 친환경 물병의 경우, 환경에 미치는 긍정적인 영향을 강조하거나, 독특하고 세련된 디자인, 가벼운 무게와 같은 제품의 차별화된 장점을 부각시킬 수 있다. 또한, 소비자들이 공감할 수 있는 스토리텔링을 통해 제품의 가치를 전달하고, 소셜 미디어 캠페인이나 인플루언서를 활용해 인지도를 높이는 방법도 고려할 수 있다.

이와 더불어, '경쟁사와 비교해 우리의 물병이 더 매력적으로 보이려면 무엇을 해야 할까?'라는 질문도 중요하다. 경쟁 분석을 통해 다른 기업들이 어떤 마케팅 전략을 사용하고 있는지 파악하고, 그들의 강점과 약점을 분석한다. 예를 들어, 경쟁사들이 품질을 강조하고 있다면, 우리 기업은 가격 경쟁력을 내세우거나, 더 나은 고객 서비스 제공을 통해 차별화를 시도할 수 있다.

이러한 일련의 질문들의 답변이 바로 마케팅 전략의 핵심이 된다. 이 전략을 바탕으로, 기업은 제품을 어떻게 홍보할지, 어떤 메시지를 전달할지, 어떤 유통 채널을 사용할지, 그리고 어떤 가격으로 판매할지를 구체적으로 결정하게 된다. 예를 들어, 이 물병을 대형 마트나 친환경 제품 전문 온라인 쇼핑몰에서 판매할지, 아니면 직접 소비자에게 판매하는 방식을 택할지 결정하는 것이다. 가격 전략도 마찬가지다. 프리미엄 시장을 겨냥해 고급스러운 이미지를 유지하면서 높은 가격에 판매할지, 더 많은 고객을 끌어들이기 위해 합리적인 가격으로 책정할지 선택해야 한다.

하지만 이러한 전략이 없다면 어떻게 될까? 이는 마치 목적지 없이 여행을 떠나는 것과 같다. 기업은 어디로 가야 할지 몰라 갈팡질팡하며, 자원을 낭비하고 시간과 비용을 허비할 가능성이 높아진다. 반대로, 잘 세운 전략이 있으면 기업은 자원을 효과적으로 사용하고, 올바른 방향으로 나아가며 목표에 더 빠르고 확실하게 도달할 수 있다. 결국 마케팅 전략은 기업이 경쟁이 치열한 시장에서 길을 잃지 않고, 목표에 도달할 수 있도록 돕는 나침반과 같은 역할을 하는 것이다.

결국, 마케팅 전략은 기업이 경쟁이 치열한 시장에서 길을 잃지 않고, 올바른 방향으로 가도록 돕는 나침반이자 지도와 같은 역할을 한다. 이는 기업의 자원을 최적화하고, 시장에서의 성공 가능성을 높여주는 중요한 도구다. 마케팅 전략이 잘 세워져 있을수록, 기업은 더 많은 고객의 마음을 얻고, 그들의 선택을 이끌어내며, 궁극적으로 더 큰 성과를 달성할 수 있다.

마케팅 믹스와 핵심 요소

마케팅 전략에서 자주 언급되는 '4P'라는 개념이 있다. 이는 제품(Product), 가격(Price), 유통(Place), 촉진(Promotion)을 의미하며, 마케팅 믹스의 핵심 요소로 불린다. 이 네 가지 요소는 기업이 소비자에게 제품을 제공하고, 판매를 극대화하기 위해 고려해야 하는 모든 전략적 결정을 포함한다. 쉽게 말해, 4P는 제품이 소비자에게 도달하고 구매되기까지의 모든 과정을 체계적으로 관리하는 방법이라고 할 수 있다.

1. 제품(Product)

첫 번째 'P'는 제품이다. 여기서 제품은 소비자가 구매할 수 있는 모든 유형의 상품이나 서비스를 말한다. 예를 들어, 한 회사가 최고 품질의 초콜릿을 만들었다고 생각해보자. 이 초콜릿은 고급 재료로 만들어졌고, 독특한 맛과 디자인을 가지고 있어 다른 제품과 차별화된다. 하지만 아무리 좋은 제품이라도 소비자가 원하지 않거나 필요하지 않다면 시장에서 성공할 수 없다. 따라서 기업은 소비자의 필요와 욕구를 정확히 파악하고, 그들이 원하는 가치를 제공할 수 있는 제품을 개발해야 한다.

2. 가격(Price)

두 번째 'P'는 가격이다. 제품이 아무리 훌륭해도 가격이 소비자에게 맞지 않으면 팔리지 않는다. 가격은 소비자가 그 제품을 구매할 때 기꺼이 지불할 수 있는 금액이어야 한다. 예를 들어, 고급 초콜릿을 만들었다고 하더라도 너무 비싸게 책정되면, 많은 소비자가 구매를 꺼릴 수 있다. 반대로, 가격이 너무 낮으면 제품의 가치를 낮게 평가하게 되거나, 기업이 손해를 볼 수 있다. 가격 전략은 시장 조사와 경쟁 분석을 통해 설정되어야 하며, 타겟 고객이 받아들일 수 있는 범위 내에서 이익을 극대화할 수 있는 수준으로 정해져야 한다.

3. 유통(Place)

세 번째 'P'는 유통, 즉 제품이 소비자에게 어떻게 전달될 것인가에 관한 것이다. 유통 채널이 잘 설정되지 않으면, 제품이 소비자에게 도달하지 않거나 적절한 시간과 장소에 제공되지 못해 판매 기회를 잃을 수 있다. 예를 들어, 최고급 초콜릿을 만들어냈다고 해도, 이

제품이 소비자가 찾기 어려운 소규모 매장에만 놓여 있다면, 판매가 어려울 수 있다. 반면에, 대형 슈퍼마켓, 온라인 쇼핑몰, 편의점 등 접근성이 좋은 장소에 제품을 배치하면 더 많은 소비자에게 도달할 수 있다. 따라서 제품이 적절한 장소에서 적시에 소비자에게 제공되도록 유통 전략을 잘 설계하는 것이 중요하다.

4. 촉진(Promotion)

네 번째 'P'는 촉진이다. 촉진은 제품이나 서비스의 인지도를 높이고, 소비자의 관심을 끌어내어 구매를 유도하는 모든 활동을 포함한다. 이는 광고, 홍보, 할인 행사, 소셜 미디어 캠페인 등 다양한 방법을 통해 이루어진다. 예를 들어, 초콜릿 브랜드가 출시 초기에는 무료 시식 행사나, 유명 인플루언서와의 협업을 통해 소셜 미디어에서 입소문을 낼 수 있다. 혹은 텔레비전 광고를 통해 소비자들에게 제품의 독특한 맛과 품질을 알릴 수도 있다. 촉진 활동이 없으면, 소비자들은 제품의 존재조차 모를 수 있으며, 이로 인해 판매 기회를 놓칠 수 있다.

이제, 4P의 중요성을 실생활의 예를 통해 좀 더 쉽게 이해해보자. 만약 당신이 새로운 휴대폰을 만들었다고 가정해보자. 이 휴대폰은 혁신적인 기능과 디자인을 갖추고 있어, 최고의 제품이라 할 수 있다. 그러나 이 제품이 너무 비싸다면, 소비자들은 구매를 망설일 것이다.

가격이 맞지 않는다면 아무리 좋은 제품이라도 팔리지 않을 수 있다.

또한, 이 휴대폰을 소비자가 찾기 힘든 한정된 매장에서만 판매한다면, 많은 사람들에게 제품을 알리기 어려울 것이다. 소비자가 제품을 쉽게 찾을 수 있어야 한다. 게다가, 아무리 좋은 품질과 적절한 가격으로 제품을 내놓아도, 이를 홍보하지 않으면 소비자들은 이 제품의 존재조차 알지 못할 수 있다. 제품의 존재를 알리기 위해 효과적인 광고나 홍보 활동이 필요하다.

결국, 4P는 마케팅 전략의 모든 요소가 균형 있게 작동해야 한다는 것을 보여준다. 최고의 제품을 만들었더라도 가격이 맞지 않거나, 적절한 유통 경로가 없거나, 소비자에게 제품을 알릴 촉진 활동이 부족하다면 성공할 수 없다. 마케팅 믹스는 이 네 가지 요소가 어떻게 조화를 이루어 효과적인 마케팅 전략을 만들어내는지 보여주는 중요한 개념이다. 이처럼 4P는 기업이 목표한 시장에서 성공적으로 자리 잡기 위해 필수적으로 고려해야 하는 기본 요소들이다. 4P는 기업이 목표 시장에서 경쟁력을 갖추기 위해 각 요소를 전략적으로 결합하는 틀을 제공한다.

03
소비자 행동과 시장 조사

"사람들이 왜 특정 브랜드를 선호하는가?"라는 질문은 마케팅 전략을 이해하는 데 중요한 출발점이다. 이 질문은 소비자가 어떻게 구매 결정을 내리는지, 어떤 요소들이 그들의 선택에 영향을 미치는지 알아내기 위한 첫 단계다. 소비자 행동을 이해한다는 것은 단순히 제품을 판매하는 것 이상의 의미를 가진다. 이는 기업이 고객의 마음을 읽고, 그들이 진정으로 원하는 것을 제공함으로써, 장기적인 신뢰와 관계를 구축하는 데 핵심적인 역할을 한다.

왜 사람들은 특정 브랜드를 선호할까?

사람들이 특정 브랜드를 선호하는 이유는 여러 가지가 있을 수 있다. 어떤 사람들은 제품의 품질이나 기능에 끌리고, 다른 사람들은 브랜드의 이미지나 가치에 공감해서 그 브랜드를 선택한다. 예를 들어, 많은 사람들이 애플(Apple)을 선호하는 이유는 그들의 제품이 고급스럽고 혁신적이라는 인식을 갖고 있기 때문이다. 애플은 단순한 전자기기 회사가 아니라, 창의성과 기술 혁신의 상징으로 자리 잡았다. 이처럼 브랜드가 소비자에게 전달하는 메시지와 가치가 소비자의 행동에 큰 영향을 미친다.

또 다른 예로, 나이키(Nike)를 생각해 보자. 나이키는 "Just Do It"이라는 슬로건을 통해 도전과 성취, 그리고 승리의 이미지를 소비자들에게 심어주었다. 이러한 감정적 연결은 소비자가 나이키를 선택하는 중요한 이유가 된다. 소비자들은 단순히 신발이나 운동복을 구매하는 것이 아니라, 나이키가 상징하는 '정신'을 구매하는 것이다.

소비자 행동의 중요성

소비자 행동은 소비자가 제품을 선택하고 구매하며 사용하는 모든 과정에서 나타나는 행동과 의사결정을 말한다. 이 행동은 여러 가지 요인에 의해 영향을 받는데, 여기에는 개인의 취향, 필요, 사회적 영향, 경제적 상황, 문화적 배경 등이 포함된다. 기업은 이러한 소비자 행동을 이해함으로써, 그들이 진정으로 무엇을 원하고 어떤 가치를 추구하는지 파악할 수 있다.

예를 들어, 만약 한 패스트푸드 체인이 젊은 세대를 타겟으로 삼는다면, 이들이 무엇을 좋아하고, 어떤 경험을 추구하는지를 이해하는 것이 중요하다. 젊은 소비자들이 빠르고 간편한 음식을 선호하지만,

동시에 건강과 환경을 중시하는 경향이 있다면, 이 체인은 메뉴에 건강한 옵션을 추가하고, 친환경 포장을 도입하는 등의 전략을 세울 수 있을 것이다.

이처럼 소비자 행동을 이해하는 것은 단순히 제품을 판매하는 것 이상을 의미한다. 이는 기업이 시장에서 성공하기 위해 반드시 고려해야 할 중요한 요소다.

소비자 행동이 마케팅 전략에 미치는 영향

소비자 행동을 이해하는 것은 효과적인 마케팅 전략을 수립하는 데 필수적이다. 마케팅 전략은 바로 소비자의 행동을 바탕으로 설계되기 때문이다. 예를 들어, 소비자들이 온라인 쇼핑을 선호하는 경향이 있다면, 기업은 온라인 마케팅에 더 많은 자원을 투자해야 할 것이다. 이는 웹사이트의 사용자 경험을 개선하거나, 소셜 미디어를 통해 더 많은 제품 정보를 제공하는 것을 의미할 수 있다.

또한, 소비자 행동을 이해하면, 보다 정확한 타겟팅이 가능하다. 예를 들어, 고가의 럭셔리 제품을 판매하는 브랜드라면, 가격 민감도가 낮고 품질과 브랜드 가치를 중시하는 고객층을 타겟으로 삼아야 한다. 이러한 고객들은 고급 백화점이나 전문 매장에서 쇼핑할 가능성이 높기 때문에, 브랜드는 이러한 채널을 통해 제품을 홍보하고 판매할 전략을 세울 것이다.

소비자 행동을 분석하기 위해서는 시장 조사가 필수적이다. 시장 조사는 소비자들의 의견, 선호도, 구매 습관 등을 체계적으로 수집하고 분석하는 과정이다. 이를 통해 기업은 소비자들이 어떤 제품을 원하는지, 어떤 가격에 반응하는지, 그리고 어떤 유통 채널을 선호하는지를 구체적으로 파악할 수 있다. 예를 들어, 설문조사나 포커스 그룹을 통해 소비자들이 새로운 제품에 대해 어떻게 생각하는지, 어떤 개선이 필요한지를 알아볼 수 있다.

시장 조사와 소비자 행동의 관계

시장 조사는 소비자 행동을 이해하는 데 중요한 역할을 한다. 시장 조사를 통해 얻은 데이터는 소비자들의 선호도와 행동 패턴을 파악하는 데 도움을 준다. 예를 들어, 한 기업이 새로운 제품을 출시하려고 할 때, 시장 조사를 통해 소비자들이 그 제품에 대해 어떻게 생각하는지, 그들의 반응이 어떤지 알 수 있다. 이러한 정보는 제품의 디자인, 기능, 가격 설정 등에 직접적인 영향을 미친다.

또한, 시장 조사는 소비자 행동의 변화를 예측하는 데에도 유용하다. 소비자의 취향과 트렌드는 시간이 지남에 따라 변할 수 있기 때문에, 지속적인 시장 조사를 통해 변화하는 소비자 행동을 미리 파악하고, 이에 맞춰 마케팅 전략을 조정할 수 있다. 예를 들어, 최근 몇 년간 친환경 제품에 대한 수요가 증가하고 있다면, 기업은 이 데이터를 기반으로 친환경 제품을 개발하거나, 지속 가능한 마케팅 캠페인을 전개하는 등의 대응 전략을 마련할 수 있다.

소비자 행동을 이해하는 것이 왜 중요한가?

소비자 행동을 이해하는 것은 마케팅 전략의 핵심이다. 사람들이 왜 특정 브랜드를 선택하는지, 어떤 요소가 그들의 구매 결정에 가장 큰 영향을 미치는지를 알면, 기업은 그들의 필요와 욕구를 충족시키기 위해 정확한 전략을 세울 수 있다. 이는 단순히 제품을 판매하는 것이 아니라, 소비자와 장기적인 관계를 형성하고, 그들이 브랜드에 충성하도록 만드는 과정이다.

따라서, 소비자 행동을 이해하고 시장 조사를 철저히 수행하는 것은 기업이 시장에서 경쟁력을 유지하고, 지속적으로 성장할 수 있는 중요한 기초가 된다. 소비자 행동을 잘 파악한 기업은 소비자와 더 깊은 연결을 형성하고, 그들의 기대를 뛰어넘는 가치를 제공할 수 있다. 이로써 브랜드에 대한 충성도를 높이고, 장기적인 성공을 이끌어 낼 수 있다.

04
경쟁 분석과
포지셔닝 전략

"만약 당신이 치킨집을 연다면, 주변의 다른 치킨집과 어떻게 차별화할 것인가?"라는 질문은 경쟁 분석과 포지셔닝의 개념을 쉽게 이해할 수 있게 해준다. 치킨집은 누구나 쉽게 접근할 수 있는 창업 아이템이지만, 그렇기 때문에 치열한 경쟁 속에서 성공하려면 경쟁 분석과 포지셔닝 전략이 필수적이다.

경쟁 분석이란 무엇인가?

경쟁 분석은 '내가 경쟁하게 될 상대'를 이해하는 것에서 시작된다. 당신이 새롭게 치킨집을 열려고 할 때, 주변에 이미 많은 치킨집들이 있을 것이다. 이 치킨집들이 어떤 메뉴를 제공하는지, 가격대는 어떤지, 주 고객층은 누구인지, 그들의 강점과 약점은 무엇인지 등을 철저하게 조사하는 것이 경쟁 분석이다. 예를 들어, 주변의 치킨집

중 한 곳은 저렴한 가격과 빠른 배달 서비스를 강조할 수 있고, 또 다른 곳은 고급 치킨을 제공하며 가족 단위 고객을 타겟으로 할 수 있다.

경쟁 분석을 통해 당신은 시장에서 어떤 기회가 있는지, 그리고 어떤 위협이 존재하는지를 명확히 파악하게 된다. 이를 바탕으로, "내 치킨집이 어떻게 이들과 차별화할 수 있을까?"라는 질문을 던질 수 있다.

포지셔닝 전략이란 무엇인가?

포지셔닝(Positioning)이란, 시장에서 소비자들이 당신의 치킨집을 어떤 이미지로 인식하게 할 것인지를 결정하는 전략이다. 다시 말해, 경쟁 치킨집들과는 다른, 소비자들의 마음속에 자리 잡고 싶은 위치를 설정하는 것이다.

예를 들어, 경쟁 분석을 통해 주변의 대부분 치킨집이 '저렴한 가격'과 '빠른 배달'에 집중하고 있다고 하자. 이런 상황에서, 당신의 치킨집이 동일한 전략을 취하면 경쟁이 치열해지고, 차별화되지 못할 가능성이 크다. 대신, 당신의 치킨집은 '프리미엄 재료를 사용한 건강한 치킨'으로 포지셔닝할 수 있다. 이는 건강을 중시하는 소비자나 아이를 둔 부모들에게 매력적일 수 있다. 신선한 유기농 재료를 사용하고, 무방부제, 저염 레시피를 강조하는 메뉴를 개발하여 차별화를 꾀할 수 있다.

또는 '독특한 맛과 소스를 가진 특별한 치킨집'으로 포지셔닝할 수도 있다. 예를 들어, 기존의 양념치킨과 후라이드 치킨 외에도, 새로운 맛의 소스를 개발하여 고객들이 '여기서만 맛볼 수 있는 특별한 치킨'으로 기억하게 할 수 있다.

경쟁 분석과 포지셔닝의 관계

경쟁 분석과 포지셔닝은 서로 밀접하게 연결되어 있다. 경쟁 분석을 통해 시장 상황과 경쟁자들의 전략을 파악한 후, 이를 바탕으로 자신만의 고유한 포지셔닝을 구축하는 것이 핵심이다.

예를 들어, 당신의 치킨집이 위치한 지역의 소비자들이 '매운 맛 치킨'을 좋아하지만, 주변에는 적당히 매운 맛의 치킨만 판매하는 치킨집이 많다는 사실을 알게 되었다고 하자. 이를 바탕으로, 당신은 '매운맛 전문 치킨집'으로 포지셔닝을 할 수 있다. 다양한 단계의 매운맛을 제공하고, 매운맛 챌린지 이벤트를 열어 화제를 모으며 고객들의 관심을 끌 수 있다.

또한, 포지서닝 전략은 단지 메뉴의 차별화에만 국한되지 않는다. 소비자들이 당신의 치킨집을 '친구와 모임을 갖기 좋은, 분위기 있는 장소'로 인식하도록 만들기 위해, 매장 인테리어를 트렌디하고 아늑하게 꾸밀 수도 있다. 매장에서만 즐길 수 있는 특별한 메뉴나 이벤트를 제공하는 것도 좋은 방법이다.

실생활에서도 많은 치킨 브랜드들이 포지셔닝을 통해 성공을 거두고 있다. 예를 들어, 'BHC 치킨'은 '뿌링클'이라는 독특한 맛의 치킨을 개발하여 젊은 소비자들에게 인기를 끌었다. 그들은 차별화된 맛과 톡톡 튀는 마케팅 전략으로 다른 치킨 브랜드와 확연히 다른 이미지를 구축했다. 이와 반대로 '네네치킨'은 다양한 소스와 함께 즐길 수 있는 한입 크기의 치킨을 제공하며 가족 단위 고객을 타겟으로 했다.

경쟁 분석과 포지셔닝 전략의 중요성

경쟁 분석과 포지셔닝 전략은 새로운 치킨집을 열 때 성공을 위한 필수적인 요소다. 경쟁 분석을 통해 주변 치킨집들의 특성과 전략을 파악하고, 소비자가 원하는 것이 무엇인지 이해한 후, 자신만의 독특한 위치를 찾는 것이 중요하다. 포지셔닝 전략을 통해 고객이 당신의 치킨집을 '어디서나 볼 수 있는 치킨집'이 아닌, '특별한 무언가를 제공하는 치킨집'으로 인식하게 만들면, 치열한 경쟁 속에서도 성공적으로 자리 잡을 수 있다.

이처럼, 경쟁 분석과 포지셔닝 전략은 당신의 치킨집이 시장에서 돋보이게 하고, 고객의 선택을 받는 데 필수적인 도구가 될 것이다.

05
주요 마케팅 전략 유형과 성공 사례

마케팅 전략에는 여러 유형이 있으며, 각 전략은 기업이 시장에서 성공을 거두기 위해 중요한 역할을 한다. 다양한 마케팅 전략 중 몇 가지 주요 유형을 살펴보고, 각 전략이 실제로 성공한 사례들을 통해 그 효과를 이해해 보자. 이를 통해 각 전략이 어떻게 작동하며, 왜 특정 상황에서 더 효과적일 수 있는지 명확하게 알 수 있을 것이다.

제품 차별화 전략

제품 차별화 전략은 경쟁사와 차별화된 독특한 제품이나 서비스를 제공하여 소비자의 관심을 끄는 전략이다. 이 전략은 경쟁사 제품과는 다른 특별한 가치를 제공하는 것이 핵심이다.

TOMS는 신발 시장에서 제품 차별화 전략을 사용하여 성공을 거둔 사례다. TOMS는 "One for One" 모델을 통해 신발 한 켤레를 판매할 때마다 신발이 없는 어린이에게 한 켤레를 기부하는 사업 모델을 도입했다. 이 차별화된 접근 방식은 단순히 신발을 판매하는 것을 넘어, 사회적 가치를 창출하는 브랜드로 소비자들에게 인식되도록 만들었다. 이러한 차별화 전략 덕분에 TOMS는 짧은 시간 내에 글로벌 브랜드로 성장할 수 있었다.

감성 마케팅 전략

감성 마케팅 전략은 소비자의 감정과 공감을 이끌어내어 브랜드와의 감정적인 유대를 형성하는 전략이다. 이는 브랜드의 이야기를 통해 소비자의 마음을 사로잡고, 장기적인 브랜드 충성도를 구축하는 데 효과적이다.

도브(Dove)는 'Real Beauty' 캠페인을 통해 감성 마케팅 전략을 성공적으로 사용했다. 이 캠페인은 일반적인 모델 대신 다양한 연령과 체형, 인종의 여성을 광고에 등장시켜, '진정한 아름다움'을 주제로 소비자와 감정적으로 소통했다. 도브의 이러한 접근은 전통적인 뷰티 브랜드의 기준을 탈피하고, 소비자들로 하여금 자신감을 느끼도록 하여 브랜드 충성도를 높이는 데 큰 효과를 거두었다.

게릴라 마케팅 전략

게릴라 마케팅 전략은 기존의 대규모 광고와는 다른 창의적이고 예상치 못한 방법으로 소비자의 관심을 끌어내는 전략이다. 이 전략은 보통 비용이 적게 들면서도 강력한 임팩트를 주는 방식으로, 바이럴 효과를 노린다.

벤앤제리스(Ben & Jerry's)는 게릴라 마케팅 전략을 통해 브랜드 인지도를 높였다. 이들은 환경 보호와 사회적 이슈에 대한 독특한 이벤트와 캠페인을 전개하면서 주목을 받았다. 예를 들어, 벤앤제리스는 뉴욕에서 'Save Our Swirled' 캠페인으로 환경 보호 메시지를 전하기 위해 자전거가 끄는 아이스크림 카트를 운영했다. 이 캠페인은 브랜드의 사회적 책임을 강조하고, 소비자들의 눈길을 사로잡아 브랜드 가치를 높이는 데 기여했다.

로컬라이제이션 전략

로컬라이제이션 전략은 특정 지역의 문화적 특성, 소비자 취향, 언어 등에 맞춰 마케팅 활동을 조정하여 현지 시장에 적응하는 전략이다. 이를 통해 글로벌 브랜드도 지역 특성에 맞게 현지화를 할 수 있다.

킷캣(KitKat)은 일본에서 로컬라이제이션 전략을 성공적으로 사용했다. 일본에서는 '킷캣(KitKat)'이라는 발음이 '꼭 승리한다(Kitto Katsu)'라는 의미와 비슷하게 들리기 때문에, 이 브랜드는 "시험에 합격하라"는 메시지를 담아 일본 학생들과 그들의 가족을 타겟으로 마케팅했다. 또한, 일본 소비자들을 겨냥해 와사비, 녹차, 사케 등의 독특한 현지화된 맛의 킷캣을 출시했다. 이러한 로컬라이제이션 전략 덕분에 킷캣은 일본에서 큰 인기를 끌고 성공적인 브랜드로 자리매 김했다.

사내 협업 및 직원 참여 전략

사내 협업 및 직원 참여 전략은 브랜드의 내적 가치를 극대화하고, 이를 외부로 확산시키기 위해 직원들의 참여를 유도하는 전략이다. 이는 직원들이 브랜드의 가장 강력한 옹호자이자 마케팅 도구가 될 수 있도록 만드는 것을 목표로 한다.

사우스웨스트 항공(Southwest Airlines)은 사내 협업과 직원 참여를 마케팅의 중요한 요소로 삼았다. 이 항공사는 직원들이 자유롭고 유쾌한 분위기 속에서 고객들과 소통하도록 권장하고, 직원들에게 높은 자율성을 부여하여 고객 서비스에서 경쟁력을 갖추었다. 또한, 직원들의 개인적인 이야기를 브랜드의 마케팅 캠페인에 활용함으로써 고객과의 연결을 강화했다. 이 전략은 사우스웨스트 항공이 '고객 중심의 친근한 항공사'로 자리잡는 데 크게 기여했다.

리퍼럴 마케팅 전략

리퍼럴 마케팅 전략은 기존 고객이 새로운 고객을 추천하도록 유도하는 방식으로, 고객의 입소문을 활용해 브랜드 인지도를 높이는 전략이다. 이 전략은 특히 서비스나 소프트웨어 시장에서 효과적이다.

드롭박스(Dropbox)는 리퍼럴 마케팅 전략을 성공적으로 활용하여 빠르게 성장한 대표적인 사례다. 드롭박스는 사용자가 친구를 초대할 때마다 무료 저장 용량을 추가로 제공하는 방식을 도입해, 기존 사용자들이 자발적으로 친구와 가족에게 서비스를 추천하도록 유도했다. 이 전략 덕분에 드롭박스는 광고비를 거의 들이지 않고도 사용자 수를 급격히 늘릴 수 있었고, 클라우드 스토리지 시장에서 빠르게 자리 잡았다.

다양한 마케팅 전략의 중요성

이와 같이 다양한 마케팅 전략들은 각기 다른 상황과 목표에 따라 적용될 수 있으며, 이를 통해 기업은 시장에서의 성공을 이끌어 낼 수 있다. 성공적인 사례들을 통해 알 수 있듯이, 기업은 자신만의 독특한 마케팅 전략을 통해 소비자와 강력한 관계를 형성하고, 경쟁에서 우위를 차지할 수 있다. 기업이 목표를 달성하고 성장하기 위해서는 상황에 맞는 전략을 잘 선택하고, 이를 지속적으로 발전시키는 것이 중요하다.

2장
기술 혁신과 마케팅 전략의 결합

AI와 빅데이터 같은 최신 기술이 마케팅 전략에 미치는 영향을 다룬다. 기술이 마케팅에 가져오는 변화를 탐구하고, 기술 기반 마케팅의 접근 방법을 설명한다. 엔비디아의 혁신적인 마케팅 사례를 통해 기술을 활용한 시장 확장 전략을 분석한다.

01
AI와 빅데이터 시대의 마케팅 전략

오늘날 우리는 AI(인공지능)와 빅데이터라는 단어를 자주 접하게 된다. 하지만 이 기술들이 어떻게 우리 일상에 영향을 미치고, 특히 마케팅에서 어떻게 활용되는지 쉽게 이해하기는 어려울 수 있다. 그렇다면, AI와 빅데이터가 우리 일상에서 어떻게 사용되고 있는지, 그리고 이러한 기술이 마케팅에서 어떤 역할을 하는지 한 번 자세히 알아보자.

AI와 빅데이터, 우리 일상 속의 모습

먼저, AI와 빅데이터가 우리 일상 속에서 어떻게 사용되는지 몇 가지 예를 들어보자. 아마존과 같은 온라인 쇼핑몰에서 물건을 구입할 때, 우리가 관심을 가질 만한 제품을 추천받은 경험이 있을 것이다. 예를 들어, 책을 구매한 후 "이 책을 읽은 사람들은 이런 책도 읽었습

니다"라는 추천을 받거나, 이전에 본 상품과 비슷한 다른 제품을 추천받는 경우가 있다. 이는 AI와 빅데이터가 결합하여 소비자의 행동 패턴을 분석하고, 그에 맞는 맞춤형 추천을 제공하는 대표적인 예다.

또한, 넷플릭스에서 영화를 보려고 할 때, "당신이 좋아할 만한 영화" 목록이 자동으로 생성되어 나타난다. 넷플릭스는 수백만 명의 사용자가 어떤 콘텐츠를 시청하는지, 그들이 어떤 장르나 배우를 선호하는지를 AI와 빅데이터를 통해 분석하고, 이를 바탕으로 맞춤형 추천 목록을 만들어 제공한다. 이처럼 AI와 빅데이터는 우리가 매일 사용하는 서비스와 앱에서 우리의 취향과 필요에 맞춘 경험을 제공하도록 돕고 있다.

AI와 빅데이터가 마케팅에서 활용되는 방식

그렇다면, 이러한 AI와 빅데이터가 마케팅에서 어떻게 활용될 수 있을까? 몇 가지 주요 활용 사례를 살펴보자.

1. 개인화된 마케팅(Personalized Marketing)

AI와 빅데이터는 소비자 개개인의 행동과 취향을 분석하여, 그 사람에게 맞춘 맞춤형 마케팅 메시지를 전달하는 데 사용된다. 예를 들어, 이메일 마케팅을 생각해보자. 이전에는 모든 고객에게 동일한 내용의 이메일을 보냈다면, 이제는 AI를 통해 각 고객이 어떤 제품에 관심이 있는지, 어떤 페이지를 자주 방문하는지를 분석하여 개인화된 이메일을 보낼 수 있다. 예를 들어, 어떤 고객이 자전거와 관련된 상품을 자주 본다면, 그 고객에게 자전거 관련 할인 정보를 포함한 이메일을 보내는 것이다. 이를 통해 마케팅의 효율성을 크게 높일 수 있다.

2. 소셜 미디어 분석(Social Media Analysis)

AI와 빅데이터는 소셜 미디어 플랫폼에서 소비자들이 어떤 이야기를 하고 있는지, 어떤 제품과 서비스에 대해 긍정적 또는 부정적 의견을 가지고 있는지를 분석하는 데도 활용된다. 예를 들어, 트위터나 인스타그램에서 특정 브랜드에 대한 소비자들의 반응을 실시간으로 모니터링할 수 있다. 이를 통해 기업은 즉각적인 피드백을 받고, 빠르게 대응할 수 있다. 예를 들어, 한 패션 브랜드가 신제품을 출시했는데, 고객들이 소셜 미디어에서 제품의 색상에 대해 불만을 제기한다면, 그 정보를 기반으로 제품 개선에 나설 수 있다.

3. 자동화된 고객 서비스(Automated Customer Service)

AI는 챗봇을 통해 고객 서비스를 자동화하는 데도 사용된다. 챗봇은 고객이 자주 묻는 질문에 즉각적으로 답변하고, 필요에 따라 복잡한 문제는 사람 직원에게 연결하는 기능을 한다. 예를 들어, 온라인 쇼핑몰에서 "배송 상태를 확인하고 싶어요"라는 문의가 들어오면, AI 챗봇이 자동으로 고객의 주문 번호를 확인하고 배송 상태를 안내할 수 있다. 이는 고객 서비스의 효율성을 높이고, 고객 만족도를 향상시키는 데 크게 기여한다.

4. 예측 분석(Predictive Analytics)

AI와 빅데이터는 소비자의 미래 행동을 예측하는 데도 활용된다. 예를 들어, AI 모델은 빅데이터를 분석하여 특정 고객이 언제 다시 구매할 가능성이 높은지, 어떤 제품을 구매할 가능성이 있는지를 예측할 수 있다. 이를 바탕으로 기업은 적절한 시기에 타겟 마케팅을 시행할 수 있다. 예를 들어, 고객이 특정 주기마다 비타민을 구매하는 패턴을 보인다면, 해당 주기가 다가올 때 맞춤형 프로모션을 제공하는 것이다.

5. 실시간 광고 최적화 (Real-time Ad Optimization)

온라인 광고에서도 AI와 빅데이터는 실시간으로 광고 성과를 분석하고, 최적의 광고를 자동으로 선택하는 데 활용된다. 예를 들어, 구글이나 페이스북의 광고 플랫폼은 광고를 보는 사람들의 행동 데이터를 실시간으로 분석해 어떤 광고가 더 효과적인지, 어떤 타겟 그룹이 가장 많이 반응하는지를 파악하여, 광고 전략을 자동으로 조정한다. 이를 통해 광고비를 더욱 효율적으로 사용하고, 마케팅 ROI(투자대비 수익률)를 극대화할 수 있다.

AI와 빅데이터가 가져온 마케팅의 변화

AI와 빅데이터는 마케팅의 방식을 완전히 바꾸어 놓았다. 예전에는 대규모 광고를 통해 모든 소비자에게 동일한 메시지를 전달하는 것이 일반적이었다면, 이제는 AI와 빅데이터를 통해 각 개인의 행동과 취향에 맞춘 맞춤형 마케팅이 가능해졌다. 이는 소비자와의 연결을 강화하고, 더 나은 고객 경험을 제공하며, 마케팅 효율성을 크게 높이는 데 기여하고 있다.

이처럼 AI와 빅데이터는 우리가 일상적으로 사용하는 다양한 서비스와 마찬가지로, 마케팅에서도 소비자와 기업 간의 관계를 더욱 개인적이고 밀접하게 만드는 중요한 역할을 하고 있다. 앞으로 이러한 기술의 발전은 마케팅의 미래를 더욱 흥미롭고 혁신적으로 만들어갈 것이다.

02
기술 기반 마케팅의 접근 방법

오늘날 기술은 마케팅의 핵심 요소로 자리 잡고 있다. 인터넷과 디지털 기술의 발전으로, 기업들은 더 정교하고 효과적인 방법으로 소비자에게 다가갈 수 있게 되었다. 그럼, 기술이 마케팅에 어떻게 활용되는지 이해하기 쉽도록 일상적인 예시를 통해 알아보자.

왜 온라인 쇼핑몰에서 본 제품이 계속 광고로 나타날까?
많은 사람들이 온라인 쇼핑을 하다가 경험한 적이 있을 것이다. 예를 들어, 온라인 쇼핑몰에서 특정 신발을 검색했는데, 그 후로 다른 웹사이트나 소셜 미디어를 사용할 때마다 같은 신발 광고가 계속해서 나타나는 경우가 있다. 이는 단순히 우연이 아니라, 기술 기반 마케팅 전략의 결과다. 이 과정에서 중요한 역할을 하는 것이 바로 쿠키(Cookies), 리타겟팅(Retargeting), 그리고 AI(인공지능)이다.

1. 쿠키와 리타겟팅

우리가 웹사이트를 방문할 때, 웹사이트는 사용자의 브라우저에 '쿠키'라는 작은 데이터 파일을 저장한다. 이 쿠키는 사용자가 어떤 페이지를 방문했는지, 어떤 제품을 봤는지와 같은 정보를 기록한다. 이후, 이 정보를 기반으로 리타겟팅(Retargeting)이라는 기술이 사용된다. 리타겟팅은 특정 웹사이트에서 제품을 본 소비자들에게 그 제품을 계속 보여주는 광고 전략이다.

예를 들어, 당신이 한 온라인 쇼핑몰에서 신발을 검색하고 나면, 쿠키가 이 정보를 저장하고, 다른 웹사이트에서 그 신발의 광고가 계속 보이도록 한다. 이 기술은 소비자가 관심을 가졌던 제품을 계속 노출시켜 구매를 유도하는 데 효과적이다.

2. AI와 머신러닝을 통한 맞춤형 추천

AI(인공지능)과 머신러닝(기계 학습)도 기술 기반 마케팅에서 중요한 역할을 한다. 예를 들어, 당신이 온라인 쇼핑몰에서 신발을 보고 있었다면, AI는 그 데이터를 분석해 "이 사람이 신발에 관심이 있구나"라고 판단한다. 그리고 당신과 유사한 관심사와 구매 패턴을 가진 다른 사용자들의 데이터를 분석해, "신발을 본 사람들은 이런 옷이나 액세서리도 구매할 가능성이 크다"는 패턴을 발견한다.

이 정보를 바탕으로 AI는 당신에게 맞춤형 광고를 보여준다. 예를 들어, 신발 광고뿐만 아니라 신발에 어울리는 청바지나 운동복의 광고도 함께 보여줄 수 있다. 이 과정은 매우 빠르게 이루어지며, 소비자에게 더 개인화된 쇼핑 경험을 제공한다.

3. 소셜 미디어와 데이터 분석

또 다른 예로 소셜 미디어를 들 수 있다. 페이스북이나 인스타그램을 사용하다 보면, 여러분의 관심사에 맞춘 광고가 자주 나타나는 것을 볼 수 있을 것이다. 소셜 미디어 플랫폼은 사용자의 행동 데이터를 수집해 분석하고, 이를 바탕으로 가장 적합한 광고를 제공한다. 예를 들어, 당신이 인스타그램에서 여행 사진을 자주 보고 '좋아요'를 눌렀다면, 여행 관련 광고가 더 많이 나타나게 된다.

소셜 미디어 광고는 사용자에게 맞춤형 콘텐츠를 제공하는 데 최적화되어 있으며, 기업들은 이를 통해 특정 고객 그룹을 타겟으로 한 정교한 마케팅 전략을 수립할 수 있다. 이러한 맞춤형 광고는 소비자의 관심을 끌어 더 높은 전환율(광고를 보고 실제 구매로 이어지는 비율)을 달성하는 데 기여한다.

4. 챗봇을 통한 자동화된 고객 서비스

기술은 고객 서비스 분야에서도 큰 변화를 가져왔다. 예를 들어, 많은 온라인 쇼핑몰은 웹사이트에 챗봇(Chatbot)을 운영하고 있다. 챗봇은 AI를 활용해 고객의 질문에 자동으로 답변하는 프로그램으로, 고객이 자주 묻는 질문에 신속하게 답변하거나, 특정 정보를 제공하는 데 사용된다.

예를 들어, 고객이 "이 제품의 배송 시간은 어떻게 되나요?"라고 묻는다면, 챗봇은 자동으로 관련 정보를 제공해준다. 이는 고객 서비스 속도를 크게 향상시키고, 24시간 언제든지 고객 지원이 가능하게 해준다. 또한, 챗봇은 고객의 문의 내용을 분석해 공통된 문제나 피드백을 파악하고, 이를 기반으로 제품이나 서비스 개선에 활용할 수 있다.

5. 실시간 데이터 분석과 광고 최적화

기술은 실시간 데이터 분석을 통해 광고 캠페인을 즉각적으로 최적화할 수 있게 해준다. 예를 들어, 구글 애드(Ad)나 페이스북 광고 플랫폼은 광고 성과를 실시간으로 분석하고, 어떤 광고가 더 효과적인지, 어떤 타겟 그룹이 가장 반응이 좋은지를 파악한다. 이 데이터를 통해 광고 전략을 즉시 조정하고, 예산을 효율적으로 배분하여 최대한의 성과를 달성할 수 있다.

예를 들어, 특정 시간대에 특정 광고가 더 높은 클릭률을 보인다면, 그 시간대에 더 많은 광고를 집행하거나, 특정 타겟 그룹에게만 광고를 집중적으로 노출시키는 방식으로 광고를 최적화할 수 있다.

기술이 마케팅을 어떻게 변화시키고 있는가?

기술은 마케팅을 훨씬 더 정교하고 개인화된 방식으로 변화시키고 있다. 소비자는 자신에게 맞는 맞춤형 광고와 추천을 받을 수 있고, 기업은 AI, 빅데이터, 소셜 미디어 등의 기술을 활용해 더 높은 효율성으로 소비자에게 접근할 수 있다. 이러한 변화는 마케팅을 단순한 광고를 넘어, 소비자와의 밀접한 관계 형성의 도구로 만들고 있다.

이처럼 기술 기반 마케팅은 소비자의 관심을 끌고 유지하는 데 필수적이며, 기업이 경쟁에서 우위를 차지하기 위해 반드시 고려해야 할 전략적 요소로 자리 잡고 있다. 앞으로 이러한 기술의 발전은 마케팅을 더욱 개인화되고 혁신적인 방향으로 이끌어갈 것이다.

마케팅 사례

엔비디아의 혁신적 마케팅과 시장 확장 전략

엔비디아(NVIDIA)는 원래 그래픽 처리 장치(GPU) 시장에서 강력한 입지를 다지고 있는 기술 회사다. 그러나 엔비디아는 단순히 뛰어난 기술력을 가진 반도체 회사에 머무르지 않았다. 이들은 기술 혁신을 마케팅 전략에 결합시켜, 놀라운 속도로 다양한 새로운 시장으로 확장하며 큰 성공을 거두었다. 엔비디아의 성공 사례는 기술과 마케팅 전략이 어떻게 만나 시너지 효과를 발휘할 수 있는지를 보여주는 훌륭한 예다.

엔비디아의 기술 혁신과 시장 확장

엔비디아는 초기부터 GPU 기술의 선두 주자로 자리 잡았다. GPU는 주로 게임 그래픽을 처리하는 데 사용되었으나, 엔비디아는 GPU의 활용 범위를 게임 외의 영역으로 확장하는 전략을 택했다. 이 과정에서 AI(인공지능), 데이터센터, 자율주행차 등 급성장하는 기술 시장에 눈을 돌렸다. 엔비디아는 GPU가 AI 연산, 딥러닝, 데이터 분석 등

복잡한 계산을 처리하는 데 매우 효율적이라는 사실을 발견하고, 이 기술을 기반으로 새로운 시장에 진입하기 시작했다.

마케팅과 기술 혁신의 결합
엔비디아의 성공 비결 중 하나는 바로 이 기술 혁신을 마케팅 전략에 결합한 것이다. 이들이 어떻게 이를 효과적으로 활용했는지 몇 가지 구체적인 사례를 통해 알아보자.

1. 커뮤니티 중심의 마케팅 전략
엔비디아는 단순히 제품을 판매하는 데 그치지 않고, 기술 커뮤니티를 적극적으로 구축하고 지원하는 전략을 펼쳤다. 예를 들어, 게임 개발자, AI 연구자, 데이터 과학자 등 다양한 커뮤니티를 대상으로 한 이벤트, 컨퍼런스, 온라인 포럼 등을 개최하여, 엔비디아의 GPU 기술이 어떻게 이들 분야에서 활용될 수 있는지를 보여주었다. 대표적으로 매년 열리는 'GTC(GPU Technology Conference)'가 있다. 이 행사에서는 AI와 데이터 과학, 자율주행차 기술 등에 대한 최신 정보를 공유하고, 엔비디아 제품의 활용 사례를 발표하며, 엔비디아의 기술적 리더십을 강조한다.
이러한 커뮤니티 중심의 마케팅 전략은 엔비디아가 기술 분야에서의 신뢰성과 인지도를 높이는 데 큰 도움이 되었다. 연구자와 개발자들이 엔비디아의 기술을 신뢰하게 되고, 이를 활용해 다양한 프로젝트를 진행하면서, 자연스럽게 엔비디아의 브랜드와 제품이 더 널리 알려지게 되었다.

2. 파트너십을 통한 시장 확대

엔비디아는 다양한 산업 파트너와 협력하여 GPU 기술의 활용 범위를 확장했다. 특히, AI와 자율주행차 분야에서 엔비디아는 주요 기업들과의 파트너십을 통해 시장을 빠르게 확대했다. 예를 들어, 엔비디아는 테슬라(Tesla), 아우디(Audi) 등 자율주행차 제조사들과 협력하여 자율주행차의 핵심 기술인 딥러닝과 이미지 인식 기술을 제공했다. 이를 통해 자율주행차 시장에서의 입지를 강화하고, 엔비디아의 기술력을 널리 알릴 수 있었다.

이와 더불어, 엔비디아는 구글, 마이크로소프트, 아마존 등의 클라우드 서비스 제공업체들과도 협력하여, GPU를 클라우드 기반 AI 연산에 사용할 수 있도록 했다. 이러한 파트너십은 엔비디아의 기술이 다양한 플랫폼과 서비스에서 활용될 수 있도록 해주었고, 새로운 고객층을 확보하는 데 큰 역할을 했다.

3. 기술을 활용한 콘텐츠 마케팅

엔비디아는 자사의 혁신적인 기술을 기반으로 강력한 콘텐츠 마케팅 전략을 전개했다. 예를 들어, 자사의 GPU가 AI, 머신러닝, 딥러닝 등의 기술에 어떻게 활용되는지를 설명하는 동영상, 블로그 글, 웨비나 등을 제작하여 다양한 채널을 통해 홍보했다. 이를 통해 엔비디아는 복잡한 기술적 개념을 보다 쉽게 전달하고, 더 많은 사람들이 엔비디아의 기술을 이해하고 활용할 수 있도록 도왔다.

또한, 엔비디아는 자사의 기술이 실제로 사용되는 사례들을 소개하면서, 소비자와 고객들에게 자사의 기술이 가진 가치와 가능성을 직관적으로 느낄 수 있도록 했다. 예를 들어, 엔비디아 GPU가 자율주행차의 시각 처리 시스템에 어떻게 사용되는지, AI 연구에서 어떤 역할을 하는지를 보여주는 다양한 콘텐츠를 제공하여, 소비자들이 엔비디아의 기술적 우수성을 더욱 잘 이해하게 만들었다.

4. 데모와 체험을 통한 실질적 마케팅

엔비디아는 소비자와 기업 고객들이 자사의 기술을 직접 체험할 수 있는 기회를 제공하는 데 주력했다. 예를 들어, 엔비디아는 자사의 기술이 적용된 AI 개발 도구와 플랫폼을 무료로 제공하거나, 클라우드에서 GPU를 체험할 수 있는 기회를 제공했다. 이를 통해 고객들은 엔비니아의 기술이 실제로 어떻게 작동하고, 그들의 필요에 맞는지 직접 경험할 수 있었다.

또한, 엔비디아는 게임 마니아들과 그래픽 전문가들을 위해 자사의 최신 GPU를 직접 시연하고 체험할 수 있는 이벤트를 자주 개최했다. 이러한 체험 기회를 통해 고객들은 제품에 대한 신뢰를 쌓고, 엔비디아에 대한 긍정적인 이미지를 갖게 되었다.

기술 혁신과 마케팅의 시너지 효과

엔비디아의 성공 사례는 기술 혁신과 마케팅 전략이 결합되었을 때 얼마나 큰 시너지 효과를 발휘할 수 있는지를 잘 보여준다. 엔비디아는 단순히 혁신적인 기술을 개발하는 데 그치지 않고, 이 기술을 효과적으로 마케팅하여 다양한 새로운 시장으로 확장할 수 있었다. 이를 통해 엔비디아는 그래픽 카드 시장뿐만 아니라 AI, 자율주행차, 데이터센터 등 다양한 산업에서 독보적인 입지를 구축하게 되었다.

엔비디아의 사례는 기술 혁신이 마케팅 전략과 결합될 때, 기업이 새로운 시장을 개척하고, 성장 기회를 극대화할 수 있음을 보여준다. 이는 다른 기업들도 기술을 활용한 마케팅 전략을 고민할 때 참고할 만한 좋은 예시가 될 수 있다.

3장

강력한 브랜드를 구축하는 방법

브랜드가 무엇인지, 그리고 왜 중요한지를 설명하며, 브랜드 정체성 구축과 스토리텔링의 중요성을 다룬다. 브랜드가 고객과의 관계에서 어떤 역할을 하는지 이해시키고, 애플과 나이키의 성공적인 브랜드 전략을 통해 강력한 브랜드 구축 방법을 소개한다.

01

브랜드란 무엇인가?

브랜드라는 단어를 들으면 많은 사람들이 로고나 슬로건을 떠올리지만, 사실 브랜드는 그보다 훨씬 더 깊은 의미를 가진 개념이다. 쉽게 이해하기 위해, 브랜드를 사람과 비교해 보자. 우리가 사람을 만날 때, 그 사람의 이름, 말투, 옷차림, 행동 등을 통해 그 사람에 대한 이미지를 머릿속에 그리게 된다. 마찬가지로, 브랜드도 소비자에게 특정한 이미지와 느낌을 주며, 그 기업이나 제품에 대한 인상을 형성하게 한다.

브랜드는 단순한 로고나 이름이 아니다

예를 들어, 생각해 보자. 당신이 애플(Apple)이라는 브랜드를 떠올릴 때 어떤 이미지가 떠오르는가? 많은 사람들은 '혁신적이고, 세련되며, 사용자 친화적'이라는 이미지를 떠올릴 것이다. 반면에, 나이키

(Nike)를 생각할 때는 '활동적이고, 도전적이며, 스포츠 정신을 지향하는' 느낌이 떠오를 것이다. 이처럼 브랜드는 단순히 로고나 이름이 아니라, 그 기업이 소비자에게 전달하고자 하는 전체적인 경험과 감정을 포함한다.

브랜드는 소비자와의 '관계'다

또한, 브랜드는 소비자와 기업 간의 '관계'를 의미한다. 브랜드는 단순히 제품을 판매하는 것 이상으로, 소비자와 정서적, 심리적으로 연결될 수 있어야 한다. 예를 들어, 코카콜라(Coca-Cola)는 단순히 음료가 아니라, '즐거움', '행복', '친구와의 좋은 시간'을 상징하는 브랜드로 자리 잡았다. 소비자들은 코카콜라를 마실 때, 그들이 이 브랜드와 맺은 긍정적인 기억과 감정을 함께 경험하게 된다.

브랜드는 소비자의 '기대'를 형성한다

브랜드는 소비자에게 기대감을 형성하기도 한다. 우리가 특정 브랜드의 제품을 구매할 때, 그 브랜드가 줄 것으로 기대되는 품질, 서비스, 경험이 이미 머릿속에 자리 잡고 있다. 예를 들어, 고급 패션 브랜드인 루이 비통(Louis Vuitton)을 떠올린다면, 소비자는 고급스러운 디자인, 탁월한 품질, 그리고 뛰어난 고객 서비스를 기대하게 된다. 이러한 기대가 만족되면 브랜드에 대한 신뢰가 쌓이고, 충성도가 높아지며, 다시 그 브랜드를 찾게 되는 것이다.

브랜드는 일관된 경험을 제공해야 한다

강력한 브랜드를 구축하기 위해서는 일관된 경험을 제공하는 것이 매우 중요하다. 소비자가 어떤 채널을 통해 접하든, 그 브랜드에 대한 인식이 일관되게 유지되어야 한다. 예를 들어, 스타벅스(Starbucks)는 전 세계 어디에서나 비슷한 경험을 제공하는 것으로 유명하다. 매장의 인테리어, 메뉴, 고객 서비스, 심지어 커피잔의 디자인까지 모두 일관성을 유지하여, 소비자들이 어떤 나라에서든 동일한 스타벅스 경험을 기대하고, 실제로 경험할 수 있게 한다. 이로 인해, 소비자들은 스타벅스를 신뢰하고, 언제 어디서든 선택할 수 있는 브랜드로 여긴다.

브랜드는 '스토리'를 통해 더욱 강력해진다

마지막으로, 브랜드는 '스토리'를 통해 더욱 강력해질 수 있다. 사람들은 이야기를 통해 감정적으로 연결되고, 그 이야기를 기억한다. 따라서 브랜드가 자신만의 고유한 이야기를 가지고 있다면, 소비자들은 그 브랜드와 더 깊이 연결될 수 있다. 예를 들어, 애플의 창립자 스티브 잡스의 이야기는 애플 브랜드의 정체성과 맞닿아 있다. 그는 "Think Different"라는 슬로건 아래, 혁신적이고 창의적인 제품을 만들고자 하는 열정을 소비자들에게 전달했다. 이 이야기 덕분에 애플은 단순한 전자 제품 브랜드를 넘어, 창의성과 혁신을 상징하는 브랜드로 자리 잡을 수 있었다.

브랜드는 기억되고, 사랑받는 모든 것이다

브랜드는 단순히 로고나 이름이 아니라, 소비자가 그 브랜드와 접할 때마다 느끼는 모든 경험과 감정, 그리고 그에 따라 형성되는 인식이다. 브랜드는 소비자와 기업 간의 관계를 형성하고, 소비자에게 기대감을 심어주며, 일관된 경험을 통해 신뢰를 쌓는다. 또한, 고유한 스토리를 통해 소비자와의 감정적 연결을 강화한다. 따라서 강력한 브랜드를 구축하기 위해서는 소비자에게 일관되고, 의미 있는 경험을 제공하며, 기억에 남을 수 있는 스토리를 전달하는 것이 중요하다.

이렇게, 브랜드는 소비자 마음속에 자리 잡고, 그들의 삶 속에서 중요한 역할을 하는 모든 것을 의미한다.

02
브랜드 정체성 및 스토리텔링의 중요성

브랜드를 구축하는 데 있어 중요한 요소 중 하나는 브랜드 정체성(Brand Identity)과 스토리텔링(Storytelling)이다. 브랜드 정체성은 브랜드가 소비자에게 어떻게 인식되고 기억되기를 원하는지를 정의하는 것이며, 스토리텔링은 그 정체성을 소비자에게 효과적으로 전달하는 방법이다. 쉽게 말해, 브랜드 정체성은 '브랜드가 누구인가'를 결정하는 것이고, 스토리텔링은 '그 이야기를 어떻게 들려줄 것인가'에 관한 것이다.

브랜드 정체성이란 무엇인가?

브랜드 정체성은 단순히 로고, 색상, 슬로건과 같은 시각적인 요소만을 의미하는 것이 아니다. 물론, 이런 요소들도 중요하지만, 브랜드 정체성은 이보다 더 깊은 의미를 가지고 있다. 이는 브랜드가 소비자와 어떻게 소통하고, 어떤 가치를 전달하며, 어떤 감정을 불러일으키는지를 포함하는 넓은 개념이다.

예를 들어, 애플(Apple)을 떠올려보자. 애플의 브랜드 정체성은 '혁신', '단순함', '프리미엄 품질'을 중심으로 형성되어 있다. 애플은 제품 디자인부터 사용자 인터페이스, 광고 캠페인에 이르기까지 모든 요소에서 이러한 정체성을 일관되게 유지한다. 소비자들은 애플 제품을 사용할 때마다 혁신적이고 직관적인 경험을 기대하며, 이는 애플이 소비자와의 관계에서 항상 일관된 이미지를 유지하게 만들어 준다.

브랜드 정체성의 중요성

브랜드 정체성은 브랜드를 차별화하고, 소비자에게 기억될 수 있는 요소를 제공한다. 수많은 경쟁사들 사이에서 자신만의 정체성을 구축하지 못한다면, 소비자는 그 브랜드를 쉽게 잊어버리거나 다른 브랜드와 혼동할 수 있다. 강력한 브랜드 정체성은 소비자에게 브랜드를 명확히 인식시키고, 그들의 선택을 이끌어내는 중요한 역할을 한다.

예를 들어, 나이키(Nike)는 '도전', '극복', '승리'와 같은 브랜드 정체성을 가지고 있다. 그들의 유명한 슬로건 "Just Do It"은 이러한 정체성을 명확하게 전달한다. 나이키는 광고에서 항상 운동선수들의 도전과 노력을 강조하며, 소비자들이 나이키를 통해 자신의 한계를 극복하고 목표를 달성할 수 있다는 메시지를 전달한다. 이런 일관된 브랜드 정체성 덕분에, 나이키는 소비자에게 강렬한 인상을 남기고, 강력한 브랜드로 자리 잡을 수 있었다.

스토리텔링의 중요성

그렇다면, 스토리텔링은 브랜드 정체성을 어떻게 강화할 수 있을까? 스토리텔링은 브랜드가 소비자와 더 깊이 연결될 수 있도록 돕는 강력한 도구다. 이야기는 감정을 자극하고, 기억에 오래 남기 때문이다. 우리는 단순한 사실보다 감정적인 이야기를 더 잘 기억한다. 브랜드가 자신만의 독특한 이야기를 가지고 있다면, 소비자들은 그 브랜드와 더욱 친밀하게 느끼고, 더 나아가 그 브랜드를 좋아하게 된다.

예를 들어, 도브(Dove)는 "진정한 아름다움(Real Beauty)"이라는 스토리텔링을 통해 성공적으로 브랜드 정체성을 강화했다. 도브는 기존의 미디어에서 제시하는 비현실적인 미의 기준에 도전하며, '진짜 여성들'의 아름다움을 강조하는 캠페인을 전개했다. 이 스토리는 단순히 비누를 파는 것이 아니라, 소비자들에게 자신감을 주고, 긍정적인 변화를 촉구하는 브랜드로 자리 잡게 했다. 도브의 스토리텔링은 소비자들이 브랜드를 단순한 제품이 아니라, 자신들의 가치관과 일치하는 '친구'로 느끼게 만들었다.

브랜드 정체성과 스토리텔링의 결합

브랜드 정체성과 스토리텔링은 서로 긴밀히 연결되어 있다. 브랜드 정체성은 브랜드가 소비자에게 전달하고자 하는 핵심 메시지와 가치이며, 스토리텔링은 그 메시지와 가치를 감동적이고 매력적인 방식으로 전달하는 수단이다.

스타벅스(Starbucks)의 예를 들어보자. 스타벅스의 브랜드 정체성은 '제3의 공간(Third Place)'이다. 이는 집과 직장 외에 사람들이 편안하게 쉴 수 있는 제3의 공간이 되고자 하는 것이다. 스타벅스는 이 정체성을 스토리텔링으로 강화하기 위해, 매장 경험을 중심으로 다양한 이야기를 만들어냈다. 고객들은 스타벅스 매장에서 커피를 마시면서 공부를 하고, 친구들과 대화를 나누고, 일을 한다. 스타벅스는 이러한 경험을 공유하고 확장함으로써 브랜드에 대한 충성도를 높이고, 고객들이 스타벅스를 단순한 커피숍이 아니라 특별한 경험을 제공하는 브랜드로 인식하게 만든다.

강력한 브랜드를 구축하기 위한 핵심 요소

강력한 브랜드를 구축하려면 명확한 브랜드 정체성을 설정하고, 이를 소비자에게 효과적으로 전달할 수 있는 스토리텔링을 개발하는 것이 중요하다. 브랜드 정체성은 브랜드가 누구이며, 무엇을 위해 존재하는지를 명확히 하는 것이며, 스토리텔링은 그 메시지를 소비자가 공감할 수 있는 이야기로 전달하는 방법이다.

브랜드가 정체성과 스토리텔링을 잘 결합하면, 소비자에게 일관된 경험을 제공하고, 감정적으로 더 깊이 연결될 수 있다. 이는 브랜드에 대한 충성도를 높이고, 장기적인 성공을 위한 기초를 다지는 중요한 요소가 된다. 그러므로, 기업은 브랜드 정체성을 명확히 하고, 이를 매력적이고 기억에 남는 이야기로 풀어내는 스토리텔링에 집중해야 한다. 이를 통해 소비자들은 브랜드와 더욱 긴밀히 연결되고, 브랜드를 더 오래 기억하게 될 것이다.

마케팅 사례

애플(Apple), 나이키(Nike)의 브랜드 전략

강력한 브랜드를 구축하기 위해 애플(Apple)과 나이키(Nike)의 사례를 살펴보는 것은 매우 유익하다. 이 두 회사는 각기 다른 산업에 속해 있지만, 모두 전 세계적으로 사랑받는 브랜드로 자리 잡았다. 그 비결은 무엇일까? 그들의 브랜드 전략이 어떻게 성공했는지를 이해하는 것은 브랜드 구축의 핵심을 배울 수 있는 좋은 기회가 될 것이다.

애플(Apple)의 브랜드 전략 : 단순함, 혁신, 감성적 연결

애플(Apple)은 어떻게 강력한 브랜드가 되었을까?
애플은 단순한 전자기기 제조업체가 아니라, 소비자에게 특별한 경험을 제공하는 브랜드로 자리 잡았다. 애플의 브랜드 전략은 세 가지 핵심 요소인 **단순함**(Simplicity), **혁신**(Innovation), **감성적 연결**(Emotional Connection)에 기초하고 있다.

애플의 브랜드 전략 요소

1. 단순함(Simplicity)

애플의 제품과 디자인은 항상 '단순함'을 지향한다. 예를 들어, 애플의 iPhone이나 MacBook을 보면, 복잡한 버튼이나 불필요한 요소가 거의 없다. 사용자가 쉽게 사용할 수 있도록 직관적인 인터페이스와 간결한 디자인을 추구한다. 이런 단순함은 애플의 상징이 되었고, 소비자들이 애플 제품을 사용할 때 항상 "쉽고 직관적이다"라고 느끼게 만든다.

2. 혁신(Innovation)

애플은 항상 기술 혁신을 통해 새로운 가치를 제시하는 데 집중해 왔다. 애플은 첫 번째 iPhone을 출시하면서 스마트폰 시장의 패러다임을 바꿨고, 이후에도 매번 혁신적인 제품을 출시하며 소비자에게 놀라움과 기대감을 심어주었다. 이러한 혁신적인 이미지는 애플이 다른 브랜드와 차별화될 수 있는 가장 큰 자산이다. 소비자들은 애플이 내놓는 제품은 항상 '새롭고 더 나은 무언가'일 것이라는 기대를 갖게 되었다.

3. 감성적 연결(Emotional Connection)

애플은 단순히 제품을 판매하는 것에 그치지 않고, 브랜드와 소비자 사이의 감성적인 연결을 강조한다. 애플의 광고나 캠페인을 보면 항상 사람들의 삶과 감정에 초점을 맞추고 있다. 예를 들어, 애플의 "Think Different" 캠페인은 혁신적인 사고를 장려하며, 소비자들이 스스로를 창의적이고 독특한 사람으로 느끼게 만들었다. 이런 감성적인 접근은 소비자들이 애플을 단순한 제품이 아닌, 자기표현의 일환으로 인식하도록 돕는다.

나이키(Nike)의 브랜드 전략 : 도전, 영감, 커뮤니티

나이키는 어떻게 전 세계적으로 사랑받는 스포츠 브랜드가 되었을까? 나이키는 단순한 스포츠 용품 제조사가 아니라, '운동하는 모든 사람'에게 영감을 주는 브랜드로 자리 잡았다. 나이키의 브랜드 전략은 도전(Challenge), 영감(Inspiration), 커뮤니티(Community)라는 세 가지 핵심 요소로 구성되어 있다.

나이키의 브랜드 전략 요소

1. 도전(Challenge)

나이키는 항상 '도전'이라는 메시지를 강조한다. "Just Do It"이라는 슬로건은 나이키의 도전적인 브랜드 정체성을 명확하게 보여준다. 나이키의 광고는 보통 힘든 훈련이나 경기를 이겨내고, 한계를 넘어서는 운동선수들의 모습을 담고 있다. 이 메시지는 소비자들로 하여금 자신의 한계를 극복하고, 더 높은 목표를 추구하도록 자극한다. 결과적으로 나이키는 '도전하는 사람들'을 위한 브랜드로 자리 잡았다.

2. 영감(Inspiration)

나이키는 운동선수뿐만 아니라 모든 사람에게 영감을 주는 브랜드로 알려져 있다. 나이키의 광고와 마케팅 캠페인은 종종 유명 운동선수들뿐만 아니라, 평범한 사람들이 자신의 한계를 넘어서는 이야기를 담고 있다. 예를 들어, 나이키의 "Find Your Greatness" 캠페인은 각기 다른 배경과 신체 조건을 가진 사람들이 운동을 통해 자신의 위대함을 찾는 이야기를 전달했다. 이는 소비자들에게 '나도 할 수 있다'는 영감을 불어넣는다.

3. 커뮤니티(Community)

나이키는 소비자들과의 강력한 커뮤니티를 형성하는 데 많은 노력을 기울인다. 나이키는 각종 스포츠 이벤트, 마라톤, 소셜 미디어 캠페인 등을 통해 소비자들과 직접 소통하고 참여할 기회를 제공한다. 나이키 러닝 앱(Nike Run Club)이나 나이키 트레이닝 클럽(Nike Training Club)과 같은 디지털 플랫폼을 통해 사용자들이 서로의 운동 기록을 공유하고, 경쟁하며, 서로 응원할 수 있는 커뮤니티를 형성했다. 이러한 커뮤니티 전략은 소비자들에게 나이키를 단순한 스포츠 용품 브랜드가 아니라, 자신이 속한 그룹의 일부로 느끼게 한다.

애플과 나이키의 공통된 성공 전략 : 일관성, 정체성, 스토리텔링

두 브랜드의 사례에서 볼 수 있듯이, 애플과 나이키는 모두 **일관된 브랜드 정체성**과 **강력한 스토리텔링**을 통해 성공을 거두었다.

- 애플은 혁신과 단순함을 강조하는 정체성과 이를 감성적으로 전달하는 스토리텔링으로 소비자와의 깊은 연결을 만들어냈다.
- 나이키는 도전과 영감을 주는 브랜드 정체성과 이를 커뮤니티와 스토리텔링을 통해 강화하여 전 세계적으로 사랑받는 브랜드로 자리 잡았다.

이처럼, 강력한 브랜드는 단순히 좋은 제품을 만드는 것 이상으로, 브랜드의 가치를 명확히 정의하고 이를 소비자에게 지속적으로 전달할 수 있는 일관된 전략이 필요하다는 것을 알 수 있다. 소비자들이 브랜드를 통해 느끼고 경험하는 모든 것이 바로 그 브랜드의 정체성을 구축하는 데 중요한 역할을 한다.

4장

제품 전략으로
혁신을 이끄는 방법

제품 개발과 제품 수명 주기 관리의 중요성을 설명하고, 차별화된 제품 전략이 기업의 성공에 미치는 영향을 탐구한다. 다이슨의 혁신적인 제품 개발 전략을 사례로 들며, 제품 전략을 통해 어떻게 시장에서 경쟁력을 확보할 수 있는지 논의한다.

01

제품 개발과
제품 수명 주기 관리

제품 개발과 제품 수명 주기 관리는 모든 기업이 시장에서 성공하고 지속적인 성장을 이루기 위해 필수적으로 고려해야 할 중요한 전략이다. 이 개념을 이해하려면, 우리 주변에서 쉽게 접할 수 있는 일상적인 상황을 떠올려 보자.

제품 개발이란 무엇인가?

제품 개발은 새로운 제품을 만들거나 기존 제품을 개선하는 과정이다. 이는 요리사가 새로운 요리를 만드는 과정과 비슷하다. 요리사는 먼저 어떤 요리를 만들지 결정하고, 필요한 재료를 준비하며, 여러 번의 시도를 통해 가장 맛있는 결과를 찾는다. 이처럼 기업도 제품 개발을 통해 고객의 필요와 기대에 부응하는 최상의 제품을 만들어 낸다.

제품 개발 과정에서는 시장 조사를 통해 소비자 요구를 파악하고, 제품의 컨셉을 정립한 뒤, 시제품을 제작하여 테스트를 거치게 된다. 최종적으로는 완성된 제품을 시장에 출시하게 된다. 이 모든 과정에서 중요한 것은 소비자에게 새로운 가치를 제공하고, 경쟁사와 차별화된 제품을 내놓는 것이다.

제품 수명 주기 관리란 무엇인가?

제품 수명 주기(Product Life Cycle, PLC)는 제품이 시장에 처음 출시된 이후부터 소비자들에게 인식되고 사용되다가, 결국 시장에서 사라질 때까지의 전체 과정을 의미한다. 제품 수명 주기는 **도입기**(Introduction), **성장기**(Growth), **성숙기**(Maturity), **쇠퇴기**(Decline)의 네 단계로 나눌 수 있다. 각 단계마다 기업은 제품의 성공적인 생존과 성장을 위해 적절한 전략을 수립해야 한다.

제품 수명 주기의 단계별 전략

1. **도입기**(Introduction)

신제품이 시장에 처음 등장하는 단계다. 이 시기에는 제품을 소비자에게 알리고, 초기 고객층을 확보하는 것이 중요하다. 따라서 많은 홍보와 마케팅 활동이 필요하다. 예를 들어, 애플이 아이폰을 처음 출시했을 때처럼, 소비자들이 새로운 제품에 대한 관심을 갖도록 다양한 광고와 이벤트가 진행된다.

2. 성장기(Growth)

제품이 시장에서 인기를 얻고, 판매가 빠르게 증가하는 단계다. 이때는 경쟁사들이 비슷한 제품을 출시하기 시작하므로, 제품의 차별성을 강조하고, 시장 점유율을 확대하는 것이 중요하다. 애플은 아이폰의 성장기 동안 지속적인 기능 개선과 디자인 변화를 통해 소비자들의 관심을 유지하고 경쟁에서 앞서 나갈 수 있었다.

3. 성숙기(Maturity)

제품의 판매 성장률이 둔화되고, 시장이 포화 상태에 이르는 단계다. 이때는 경쟁이 치열해지며, 기존 고객을 유지하고 새로운 고객을 유도하기 위한 전략이 필요하다. 가격 인하, 프로모션, 제품의 업그레이드 등이 사용된다. 현재 스마트폰 시장처럼 대부분의 소비자가 이미 제품을 보유한 경우, 기업은 다양한 모델 출시와 새로운 기능 추가를 통해 성숙기를 최대한 길게 유지하려 한다.

4. 쇠퇴기(Decline)

시장에서 제품의 수요가 줄어들고, 판매가 감소하기 시작하는 단계다. 이 시기에는 더 이상 큰 성장을 기대하기 어렵기 때문에, 생산 비용을 줄이거나 새로운 제품으로 대체하는 전략이 필요하다. 예를 들어, 한때 인기가 많았던 CD 플레이어가 디지털 음악 스트리밍의 등장으로 쇠퇴기를 맞이한 사례처럼, 기업은 새로운 기술이나 제품으로 전환을 시도하게 된다.

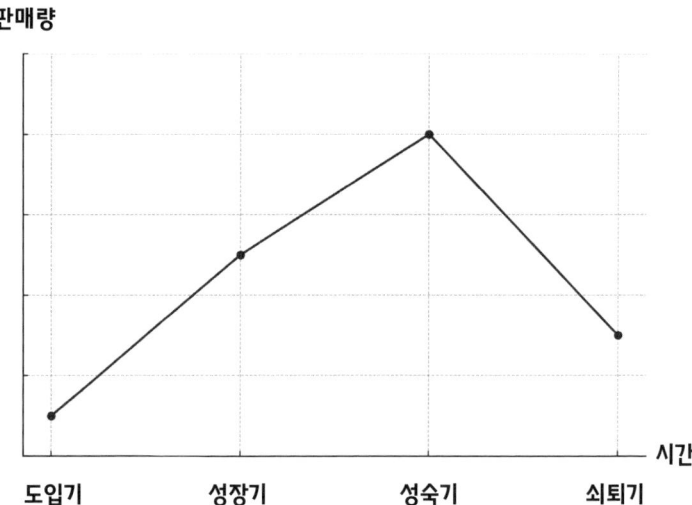

제품 개발과 수명 주기 관리의 중요성

제품 개발과 수명 주기 관리는 기업이 지속적으로 성장하고, 시장에서의 경쟁력을 유지하기 위해 매우 중요하다. 신제품 개발을 통해 시장의 변화에 빠르게 대응하고, 소비자에게 지속적으로 새로운 가치를 제공하는 것이 핵심이다. 동시에, 제품의 각 수명 주기 단계에 맞는 전략을 잘 수립하여 제품의 생명력을 연장하고, 수익을 극대화하는 것이 필요하다.

성공적인 제품 전략을 위한 접근

성공적인 제품 전략은 소비자의 요구를 정확히 이해하고, 그에 맞는 제품을 적시에 개발하여 시장에 내놓는 것에서 시작된다. 또한, 제품이 시장에서 존재하는 동안 각 단계별로 적절한 관리 전략을 적용함으로써 기업은 지속적으로 성장하고 성공할 수 있다. 제품 개발과 수명 주기 관리의 중요성을 이해하고, 이를 효과적으로 실행하는 것이 기업이 시장에서 오래 살아남고 발전하는 열쇠가 된다.

차별화된 제품 전략의 중요성

차별화된 제품 전략이란, 기업이 자사의 제품을 경쟁사와 구별되게 만들어 소비자들에게 특별한 가치를 제공하는 전략을 의미한다. 오늘날과 같이 경쟁이 치열한 시장 환경에서는 단순히 제품을 만들어 내는 것만으로는 성공하기 어렵다. 소비자들이 수많은 선택지 속에서 특정 제품을 선택하도록 유도하려면, 그 제품이 다른 제품과 어떻게 다른지, 왜 특별한지 명확하게 전달할 수 있어야 한다. 이를 위해 차별화된 제품 전략이 매우 중요한 역할을 한다.

차별화된 제품 전략이란?

차별화된 제품 전략은 제품의 독특한 특성이나 가치를 중심으로 소비자에게 어필하는 것을 말한다. 이 전략은 가격, 품질, 디자인, 기능, 서비스 등 다양한 요소에서 차별화를 꾀할 수 있다. 차별화된 제품 전략은 소비자들이 왜 이 제품을 선택해야 하는지에 대한 명확한 이유를 제공하며, 이를 통해 시장에서 경쟁 우위를 확보할 수 있다.

예를 들어, 마치 빵집에서 여러 종류의 빵을 파는 것처럼, 다양한 선택지가 있을 때 소비자들은 그 빵집이 다른 빵집과 어떻게 다른지, 어떤 독특한 빵을 제공하는지를 알고 싶어 한다. 만약 그 빵집이 '유기농 재료만 사용한 건강한 빵'을 제공한다고 한다면, 건강을 중시하는 소비자들이 그 빵집을 선택할 가능성이 높아진다.

차별화된 제품 전략의 중요성

1. 경쟁 우위를 확보하기 위해 필요하다

차별화된 제품 전략은 기업이 경쟁사와 구별되게 만드는 강력한 도구다. 예를 들어, 다이슨(Dyson)은 차별화된 제품 전략의 대표적인 사례다. 다이슨은 기존 청소기와는 다른 '강력한 흡입력'과 '무선사용'을 앞세워 시장에서 주목을 받았다. 다이슨의 청소기는 일반 청소기보다 비싸지만, 그만큼 차별화된 가치를 제공하기 때문에 많은 소비자들이 기꺼이 비용을 지불하게 된다. 이를 통해 다이슨은 프리미엄 시장에서 독보적인 위치를 차지할 수 있었다.

2. 소비자 충성도를 높이는 데 효과적이다

차별화된 제품 전략은 소비자들에게 특별한 경험을 제공하며, 브랜드에 대한 충성도를 높일 수 있다. 예를 들어, 스타벅스(Starbucks)는 커피 맛 외에도 매장 분위기와 고객 서비스, 독특한 음료 옵션 등에서 차별화를 두고 있다. 이 덕분에 소비자들은 단순히 커피 한 잔이 아니라, 스타벅스 매장에서의 특별한 경험을 구매하는 것이다. 이러한 차별화는 소비자들이 다른 커피숍이 아닌 스타벅스를 선택하도록 유도하고, 장기적으로 브랜드에 대한 충성도를 높인다.

3. 가격 경쟁에서 벗어날 수 있다

차별화된 제품은 소비자들에게 고유한 가치를 제공하기 때문에, 단순한 가격 경쟁에서 벗어날 수 있다. 예를 들어, 애플(Apple)은 제품의 디자인, 사용자 경험, 생태계 통합(Apple Ecosystem) 등에서 차별화를 추구한다. 그래서 애플의 제품은 가격이 다소 높더라도 소비자들이 기꺼이 구매하려는 경향이 있다. 애플은 '프리미엄' 이미지를 확립함으로써 가격 경쟁보다는 독창적인 가치와 경험을 제공하는 데 집중할 수 있다.

4. 새로운 시장 기회를 창출할 수 있다

차별화된 제품 전략은 기존 시장에서 새로운 기회를 창출하는 데 도움이 된다. 예를 들어, 전통적인 자전거와 전기 자전거(E-bike)를 비교해 보자. 전기 자전거는 '전통적인 자전거의 편리함'과 '자동차의 이동성'을 결합하여 새로운 가치를 제안하고 있다. 이를 통해 전기 자전거는 기존의 자전거 시장뿐만 아니라, 자동차와 대중교통을 대체하는 새로운 시장을 창출할 수 있게 되었다.

차별화된 제품 전략을 위한 접근 방법

1. 소비자의 니즈를 깊이 이해하라

차별화의 첫걸음은 소비자의 요구와 기대를 철저히 이해하는 것이다. 이를 위해 시장 조사와 소비자 피드백을 통해 소비자들이 무엇을 원하는지, 어떤 문제를 해결하고자 하는지를 파악해야 한다. 예를 들어, 기능성 의류 브랜드인 아웃도어 리서치(Outdoor Research)는 등산객과 야외 활동가들이 요구하는 특정 기능을 반영한 옷을 만들어 큰 성공을 거두었다. 그들의 의류는 방수, 방풍 등 다양한 기능을 제공하며, 소비자들이 원하는 가치를 충족시킨다.

2. 독창적인 제품 기능이나 디자인을 개발하라

소비자가 경쟁사 제품과 차별화된 요소를 바로 알아차릴 수 있도록 제품의 기능이나 디자인을 독창적으로 개발해야 한다. 예를 들어, 나이키(Nike)의 플라이니트(Flyknit) 신발은 가벼우면서도 발을 감싸는 독특한 디자인으로 소비자들의 큰 호응을 얻었다. 나이키는 이러한 차별화된 제품을 통해 운동 선수들과 일반 소비자들 모두에게 새로운 경험을 제공하며, 브랜드 충성도를 높였다.

3. 브랜드 스토리와 가치 제안을 명확히 하라

차별화된 제품 전략은 소비자에게 단순히 제품의 물리적 특성만을 전달하는 것이 아니라, 그 제품이 가진 고유의 이야기와 가치를 전달하는 것이 중요하다. 소비자들은 단순한 물건이 아닌, 자신과 연결된 의미와 가치를 찾는다. 예를 들어, 파타고니아(Patagonia)는 환경 보호와 지속 가능성을 강조한 브랜드 스토리를 통해 소비자들과 강한 정서적 유대를 형성하고 있다.

차별화된 제품 전략의 필수성

결국, 차별화된 제품 전략은 시장에서 눈에 띄고, 소비자의 마음을 사로잡는 데 필수적인 요소다. 소비자에게 독특한 가치를 제공하고, 브랜드와 제품에 대한 신뢰와 충성도를 높이는 데 큰 역할을 한다. 따라서 기업은 제품을 개발할 때 항상 '어떻게 우리 제품을 특별하게 만들 것인가?'라는 질문을 스스로에게 던져야 한다. 차별화된 제품 전략은 그 답을 찾는 데 중요한 시작점이 될 것이다.

마케팅 사례

다이슨(Dyson)의 혁신적 제품 개발 전략

다이슨(Dyson)은 혁신적인 제품 개발과 차별화된 마케팅 전략으로 유명한 기업이다. 다이슨의 이야기는 한 개인의 집념이 어떻게 전 세계 시장에서 큰 성공을 거두게 되었는지를 잘 보여준다. 그들의 성공 비결은 바로 기존 제품의 한계를 뛰어넘는 혁신과 이를 뒷받침하는 독창적인 제품 전략에 있다.

다이슨의 혁신적 제품 개발의 시작

다이슨의 혁신적 제품 개발 이야기는 창립자인 제임스 다이슨(James Dyson)으로부터 시작된다. 1970년대, 제임스 다이슨은 기존 진공청소기들이 먼지와 이물질을 효과적으로 제거하지 못하고 흡입력이 시간이 지나면서 줄어드는 문제점을 발견했다. 그는 이러한 문제를 해결하기 위해 기존의 진공청소기와는 완전히 다른 방식으로 작동하는 새로운 청소기를 개발하기로 결심했다.

그는 사이클론 기술(Cyclonic Technology)을 활용하여 먼지와 이물질을 빨아들이면서도 흡입력이 줄어들지 않는 청소기를 만들었다. 이 기술은 먼지봉투를 사용하지 않고 강력한 원심력을 이용해 먼지와 공기를 분리하는 방식으로, 청소기의 효율성을 크게 향상시켰다. 다이슨은 새로운 제품을 개발하기 위해 무려 5,127번의 시제품을 만들며 끊임없이 개선을 거듭했다. 이 과정에서 그는 제품 개발에 대한 인내와 집념이 얼마나 중요한지를 몸소 증명했다.

다이슨의 혁신적 제품 개발 전략

다이슨의 성공적인 혁신은 단순히 기술 혁신에 그치지 않고, 그 혁신을 소비자에게 효과적으로 전달하는 제품 개발 전략에 있었다. 다이슨은 제품의 기술적 차별화를 통해 브랜드를 구축했으며, 이를 위해 다음과 같은 전략을 사용했다.

1. 기존 문제의 철저한 분석과 해결

다이슨은 기존 진공청소기 시장의 문제를 명확히 분석하고, 이 문제를 해결할 수 있는 기술을 개밀하는 데 집중했다. 소비자들이 일반 청소기에서 느꼈던 불만, 즉 흡입력이 시간이 지나면서 약해지고, 먼지봉투를 교체하는 번거로움 등에 집중하여 문제를 근본적으로 해결하는 제품을 만들었다. 이런 접근은 소비자들이 다이슨 청소기의 필요성을 명확히 느끼도록 했다.

2. 기술 혁신을 중심으로 한 마케팅

다이슨은 자사의 기술적 혁신을 마케팅 전략의 중심에 두었다. 일반 청소기와는 다른 점을 강조하기 위해, 광고와 마케팅에서 '먼지봉투가 없는 진공청소기'라는 점을 강하게 부각했다. 또한, 흡입력이 시간이 지나도 줄어들지 않는 성능을 과학적 데이터와 테스트 결과로 증명하여 소비자들의 신뢰를 얻었다. 다이슨의 광고는 항상 기술적 우위를 강조하며, 소비자들에게 '기술적으로 더 나은 선택'이라는 인식을 심어주었다.

3. 디자인과 사용 경험의 차별화

다이슨의 제품은 기술적으로만 뛰어난 것이 아니라, 디자인적으로도 독창적이었다. 다이슨은 청소기를 단순한 가전제품이 아닌, '기능적 예술품'으로 재해석했다. 투명한 먼지통과 현대적인 색상 배합은 다이슨 청소기를 한눈에 알아볼 수 있게 만들었고, 이로 인해 프리미엄 브랜드로 자리매김할 수 있었다. 또한, 소비자들이 사용하기 쉽게 인체공학적으로 설계하여, 청소라는 불편한 작업을 좀 더 편리하고 즐겁게 만들었다.

4. 지속적인 혁신과 제품 확장

다이슨은 최초의 사이클론 진공청소기 이후에도 끊임없이 혁신을 지속했다. 무선 청소기, 공기청정기, 헤어드라이어, 로봇 청소기 등 새로운 제품군을 개발하며 시장을 확장해 나갔다. 이러한 지속적인 혁신은 소비자들에게 다이슨이 항상 새로운 것, 더 나은 것을 제공하는 브랜드라는 이미지를 확립시켜 주었다.

5. 고급화 전략과 프리미엄 이미지 구축

다이슨은 자사의 제품을 프리미엄 제품으로 포지셔닝했다. 고가의 제품임에도 불구하고, 기술적 우수성과 독창성을 내세워 소비자들이 '더 나은 가치'를 얻을 수 있다고 설득했다. 이 전략은 다이슨이 높은 가격대를 유지하면서도 소비자들에게 신뢰와 가치를 전달할 수 있게 해 주었다.

다이슨의 혁신적 제품 개발의 결과

다이슨의 이러한 혁신적 제품 개발 전략은 시장에서 큰 성공을 거두었다. 다이슨은 진공청소기 시장을 넘어 공기청정기, 헤어드라이어, 조명 등 다양한 분야로 사업을 확장하며 혁신의 아이콘으로 자리 잡았다. 다이슨의 성공은 소비자들에게 혁신적이고 차별화된 제품이 어떤 가치를 제공할 수 있는지를 명확히 보여준 사례다.

다이슨의 혁신 전략이 주는 교훈

다이슨의 사례는 문제를 명확히 인식하고, 그 문제를 해결하는 혁신적 제품을 개발하는 것이 얼마나 중요한지를 보여준다. 또한, 그 혁신을 소비자에게 효과적으로 전달하는 마케팅 전략과 디자인적 차별화가 큰 성공을 가져다줄 수 있음을 증명한다. 다이슨의 이야기는 기업이 지속적으로 성장하고 성공하기 위해서는 기술적 혁신과 더불어, 소비자에게 전달할 수 있는 명확한 메시지와 경험이 필요하다는 점을 강조하고 있다.

이처럼 다이슨은 '기술을 통한 차별화'와 '지속적인 혁신'을 통해 어떻게 글로벌 시장에서 독보적인 위치를 차지할 수 있었는지 보여주는 훌륭한 사례다.

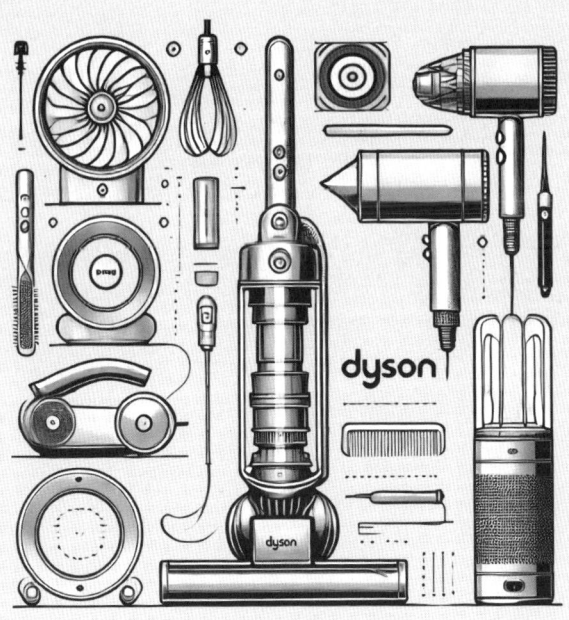

5장

효과적인 가격 전략 수립하기

다양한 가격 책정 방법과 전략을 소개하고, 가격 조정 및 프로모션 전략의 중요성을 설명한다. 이케아의 가격 전략과 시장 확장 사례를 통해 가격 전략이 수익성 극대화와 시장 확장에 어떻게 기여하는지 보여준다.

01
가격 책정의
다양한 방법

가격 책정은 기업이 제품이나 서비스를 시장에 내놓을 때 그 가격을 어떻게 정할지 결정하는 중요한 과정이다. 올바른 가격 전략을 선택하는 것은 소비자의 관심을 끌고, 동시에 기업의 수익을 극대화하는 데 중요한 역할을 한다. 여러 가지 가격 책정 방법이 있으며, 각각의 방법은 특정 상황에서 더욱 효과적으로 작용할 수 있다.

가격 책정의 다양한 방법

1. 가치 기반 가격 책정

가치 기반 가격 책정은 제품이나 서비스가 소비자에게 제공하는 가치에 따라 가격을 결정하는 방법이다. 이는 소비자가 해당 제품이나 서비스를 얼마나 가치 있게 여기는지에 따라 가격을 책정하는 방식이다. 예를 들어, 소비자들이 특정 브랜드의 핸드백이나 시계를 높은 가격에 구매하는 이유는 그 제품이 고유한 가치(희소성, 고급스러움, 사회적 지위)를 제공한다고 느끼기 때문이다. 따라서 이러한 제품들은 소비자가 인식하는 가치에 따라 높은 가격이 책정된다.

스타벅스는 일반 커피숍보다 가격이 높지만, 소비자들은 스타벅스에서 단순한 커피를 구매하는 것이 아니라 편안한 분위기, 친절한 서비스, 그리고 전체적인 경험을 함께 구매한다고 생각한다. 즉, 소비자들이 인식하는 가치가 높기 때문에 가격이 그에 맞춰 설정된 것이다.

2. 경쟁 기반 가격 책정

경쟁 기반 가격 책정은 시장에서의 경쟁자들이 제품이나 서비스를 판매하는 가격을 기준으로 설정하는 방법이다. 이 방식에서는 소비자들이 유사한 제품들을 비교하여 가격에 따라 구매 결정을 내린다고 본다. 따라서 기업은 경쟁사의 가격을 참고하여 비슷하거나 약간 낮은 가격을 설정해 경쟁력을 갖추려 한다.

항공사는 경쟁시의 가격을 참고하여 티켓 가격을 설정한다. 예를 들어, A 항공사가 특정 구간의 비행기 표를 10만 원에 판매하면, B 항공사는 그와 비슷한 가격으로 설정하거나 약간 낮은 9만 5천 원으로 가격을 책정하여 소비자들의 선택을 받으려 한다.

3. 원가 기반 가격 책정

원가 기반 가격 책정은 제품을 생산하는 데 들어간 원가에 일정한 이윤을 더해 가격을 결정하는 방식이다. 제품의 생산비, 인건비, 유통비 등을 모두 고려한 후 목표로 하는 이익 마진을 추가해 가격을 설정한다. 이 방법은 이해하기 쉽고 간단하지만, 소비자가 제품을 어떻게 평가하는지 시장의 변화를 반영하지 못할 수 있다는 한계가 있다.

많은 레스토랑에서 메뉴의 가격을 설정할 때 재료비와 조리 과정에서의 인건비, 기타 운영비 등을 고려한 후 여기에 일정한 마진을 더해 가격을 정한다. 예를 들어, 파스타 한 접시의 원가가 5천 원이라면, 50%의 마진을 더해 7천 5백 원으로 책정할 수 있다.

4. 침투 가격 책정

침투 가격 책정은 새로운 제품이나 서비스를 시장에 빠르게 알리기 위해 경쟁사들보다 낮은 가격으로 진입하는 전략이다. 초기에는 낮은 가격으로 소비자들의 관심을 끌어 시장 점유율을 빠르게 확대하고, 이후 가격을 점진적으로 인상하거나 다른 방법으로 수익을 창출하는 전략을 사용한다.

새로운 인터넷 서비스 제공업체가 시장에 진입할 때, 초기 몇 개월 동안 매우 낮은 가격이나 무료 체험 서비스를 제공한다. 이를 통해 소비자들이 제품을 쉽게 접할 수 있도록 하고, 이후 서비스에 대한 만족도가 높아지면 가격을 서서히 인상하면서 이익을 실현한다.

5. 프리미엄 가격 책정

프리미엄 가격 책정은 제품이나 서비스의 고급스러움, 독특한 가치, 높은 품질 등을 내세워 일부러 높은 가격을 설정하는 전략이다. 주로 고급 브랜드나 특별한 가치를 제공하는 제품에 사용되며, 소비자들은 그 가격에 걸맞은 가치를 제공받는다고 생각하기 때문에 이를 수용한다.

루이 비통(Louis Vuitton)은 고급 브랜드로 자리 잡기 위해 프리미엄 가격 전략을 사용한다. 고급스러운 디자인과 장인 정신, 희소성을 강조하여 일반 가방보다 훨씬 높은 가격에 판매하며, 이는 브랜드의 가치를 강화하고 소비자들이 더 특별하게 느끼도록 한다.

6. 심리적 가격 책정

심리적 가격 책정은 소비자가 가격을 어떻게 인식하는지에 영향을 주기 위해 설정하는 방식이다. 예를 들어, 가격을 1,000원이 아니라 990원으로 설정하면 소비자들은 이를 더 저렴하게 느끼는 심리가 작용한다. 이 외에도 특정 숫자가 긍정적인 인상을 준다고 생각할 때 이를 활용하는 전략이 있다.

슈퍼마켓에서 제품의 가격을 1,000원이 아닌 990원으로 설정하면 소비자들은 이를 더 저렴하다고 느끼고 구매를 결정할 가능성이 높아진다. 또한 할인 행사를 통해 '50% 할인'과 같은 문구를 강조함으로써 소비자들이 더 큰 가치를 얻는 것처럼 느끼게 만든다.

효과적인 가격 전략의 필요성

다양한 가격 책정 방법을 이해하고 상황에 맞게 선택하는 것은 기업의 성과에 큰 영향을 미친다. 기업은 시장 상황, 소비자의 인식, 경쟁사의 동향을 종합적으로 고려해 최적의 가격 전략을 선택해야 한다. 적절한 가격 책정은 소비자에게 제품의 가치를 명확히 전달하고, 기업의 수익성을 유지하는 중요한 요소다.

이렇게 가격 책정은 단순히 숫자를 설정하는 것이 아니라, 제품의 가치를 전달하고 소비자와의 관계를 형성하는 중요한 전략적 결정임을 기억해야 한다.

02
가격 조정 및 프로모션 전략

가격 조정과 프로모션 전략은 기업이 시장 변화, 경쟁 상황, 소비자 요구에 맞춰 제품이나 서비스의 가격을 유동적으로 관리하는 방법이다. 이 전략은 소비자들의 구매를 촉진하고, 매출을 극대화하며, 브랜드 인지도를 높이는 데 중요한 역할을 한다. 가격 조정과 프로모션 전략은 단순히 가격을 낮추는 것만이 아니라, 다양한 방식으로 소비자들의 마음을 사로잡는 것을 목표로 한다.

다양한 가격 조정 및 프로모션 전략이 어떻게 활용되는지 살펴보자.

가격 조정 및 프로모션 전략의 다양한 유형

1. 할인 및 세일 전략

할인 및 세일 전략은 소비자들에게 제품이나 서비스를 정가보다 저렴하게 제공함으로써 구매를 유도하는 방법이다. 이는 단기간에 판매량을 급증시키고, 재고를 빠르게 소진하며, 새로운 소비자들을 유입시키는 데 효과적이다. 예를 들어, 특정 시즌(블랙프라이데이, 연말 등)이나 행사(창립기념일, 신제품 출시 등)에 할인을 제공하는 방법이 있다.

슈퍼마켓은 주말마다 신선식품이나 일상용품에 대해 '50% 할인'이나 '1+1' 행사를 진행한다. 이를 통해 소비자들은 할인된 가격으로 필요한 물건을 구입할 수 있어 만족하고, 슈퍼마켓은 방문객 수와 매출을 동시에 늘릴 수 있다.

2. 쿠폰 및 리베이트

쿠폰과 리베이트는 소비자들에게 특정 제품에 대한 할인 혜택을 제공하는 방법이다. 쿠폰은 소비자가 결제 시 사용할 수 있는 할인권이며, 리베이트는 구매 후 일정 금액을 환불해 주는 형태다. 이런 방법은 소비자들에게 직접적인 가격 혜택을 제공하며, 브랜드에 대한 긍정적인 인식을 심어줄 수 있다.

많은 패스트푸드 체인점은 고객들에게 쿠폰을 제공하여 특정 메뉴를 할인된 가격에 구매할 수 있도록 한다. 이러한 쿠폰은 소비자들이 해당 브랜드를 다시 방문하게 만드는 효과가 있다. 또한, 리베이트는 가전제품이나 자동차 구매 시 종종 사용되며, 소비자들은 구매 후 일정 금액을 환급받을 수 있어 실질적인 혜택을 누릴 수 있다.

3. 묶음 판매 전략

묶음 판매 전략은 여러 개의 제품을 한꺼번에 구매할 때 더 저렴한 가격으로 제공하는 방법이다. 이 전략은 소비자가 단일 제품보다 여러 제품을 한 번에 구매하도록 유도하며, 기업은 재고를 효율적으로 관리하고, 판매를 촉진할 수 있다.

전자제품 매장에서 TV, 홈시어터, 블루레이 플레이어를 각각 개별적으로 구매하는 것보다, 이 세 가지를 세트로 묶어 판매할 때 할인을 제공한다. 소비자들은 필요한 제품을 한꺼번에 구매하면서도 더 저렴한 가격에 살 수 있어 만족하고, 매장 측은 더 많은 제품을 판매할 수 있다.

4. 심리적 가격 조정

심리적 가격 조정은 소비자들의 구매 심리에 영향을 미쳐 제품의 가치를 더 높게 느끼게 하는 전략이다. 일반적으로 9나 99와 같은 숫자를 사용하여 가격이 더 낮아 보이도록 한다. 예를 들어, 가격을 10,000원이 아닌 9,900원으로 설정하는 것이다.

많은 패션 브랜드에서 옷 가격을 '100,000원' 대신 '99,000원'으로 설정한다. 소비자들은 이를 더 저렴하다고 느끼고, 구매 결정이 더 쉽게 이루어질 수 있다.

5. 차등 가격 전략

차등 가격 전략은 동일한 제품이나 서비스를 다른 고객 그룹에 대해 서로 다른 가격으로 판매하는 방법이다. 이는 고객의 지불 의사에 따라 가격을 다양하게 설정하여 최대한 많은 소비자를 유치하고 수익을 극대화하는 전략이다.

항공사나 영화관은 좌석의 위치, 시간, 시즌에 따라 티켓 가격을 다르게 책정한다. 예를 들어, 주말이나 공휴일의 항공 티켓은 평일보다 비싸고, 비즈니스석은 일반석보다 가격이 높다. 영화관도 조조할인, 주말 할인을 통해 가격을 다르게 적용하여 다양한 소비자층을 끌어들인다.

6. 무료 제공 및 샘플 전략

무료 제공과 샘플 전략은 소비자들에게 무료로 제품을 제공하거나 시식, 샘플을 통해 경험하게 하는 방법이다. 이는 소비자들이 제품의 품질과 가치를 직접 경험하게 하여, 추후 구매로 이어지도록 유도한다.

많은 화장품 매장은 신제품 출시 시 고객들에게 샘플을 제공한다. 소비자들은 이를 사용해보고 마음에 들면 정품을 구매할 가능성이 높아진다. 이는 제품의 품질에 대한 신뢰를 쌓고, 소비자들에게 브랜드를 직접 체험할 기회를 제공한다.

7. 멤버십 및 충성도 프로그램 전략

멤버십 및 충성도 프로그램 전략은 고객들이 지속적으로 브랜드를 이용하도록 유도하는 방법이다. 멤버십 할인, 포인트 적립, VIP 혜택 등을 제공하여 고객 충성도를 높이고, 장기적인 매출 증대를 목표로 한다.

대형마트는 멤버십 회원에게 추가 할인 혜택을 제공하고, 커피숍은 구매할 때마다 포인트를 적립해 나중에 무료 음료로 교환할 수 있게 한다. 이러한 프로그램은 고객들이 자주 방문하도록 유도하며, 고객과 브랜드 간의 관계를 강화한다.

가격 조정 및 프로모션 전략의 필요성

가격 조정 및 프로모션 전략은 기업이 시장 변화에 유연하게 대응하고, 소비자의 관심을 끌며, 매출을 극대화하는 데 중요한 역할을 한다. 이 전략들은 단순히 가격을 낮추는 것뿐만 아니라, 다양한 방식으로 소비자에게 매력적으로 다가가는 방법을 포함한다. 기업은 이러한 다양한 선택을 상황에 맞게 적절히 활용함으로써 소비자와의 관계를 강화하고, 브랜드의 가치를 높일 수 있다.

이를 통해 소비자들은 더 많은 혜택을 받고, 기업은 장기적으로 더 큰 성과를 거둘 수 있는 것이다.

마케팅 사례

이케아(IKEA)의 가격 전략과 시장 확장

이케아(IKEA)는 전 세계에서 가장 잘 알려진 가구 및 홈 인테리어 브랜드 중 하나로, 그 성공 비결 중 하나는 매우 효율적이고 독창적인 가격 전략에 있다. 이케아는 다양한 가격 전략을 활용하여 소비자들에게 매력적인 가격을 제시하고, 이를 통해 글로벌 시장에서 빠르게 확장할 수 있었다.

이제 이케아의 가격 전략과 이를 바탕으로 한 시장 확장 사례를 살펴보자.

이케아의 가격 전략 : 품질과 가성비의 조화

1. 저가 전략과 품질 유지
이케아의 가장 대표적인 전략은 저가 전략이다. 이케아는 고품질의 가구를 저렴한 가격에 제공함으로써 시장에서 큰 경쟁 우위를 차지했다. 일반적으로 저렴한 가격은 품질이 낮다는 인식을 줄 수 있지만, 이케아는 고품질을 유지하면서도 비용을 절감하는 혁신적인 방식을 개발했다. 이를 위해 이케아는 다음과 같은 접근 방식을 사용한다.

- 효율적인 디자인과 재료 사용

  이케아의 제품은 매우 효율적인 디자인과 재료 사용을 통해 비용을 절감한다. 예를 들어, 이케아는 평평한 판지 상자에 가구를 포장해 운송비를 낮추고, 조립식 제품으로 생산비용을 줄인다. 또한, 최소한의 재료를 사용해 제품을 설계하고, 다기능적인 제품을 만들어 소비자에게 더 많은 가치를 제공한다.

- 대량 생산과 구매 협상력

  이케아는 대량 생산을 통해 규모의 경제를 실현하며, 이를 통해 생산비용을 더욱 낮춘다. 또한, 전 세계 공급업체와 장기 계약을 맺고 대량 구매를 통해 원재료 가격을 낮추는 협상력을 가지고 있다. 이를 통해 제품 가격을 낮추는 동시에 품질을 유지할 수 있다.

- 소비자에게 조립의 부담을 전가

  이케아의 가구는 소비자가 직접 조립해야 하는 제품이 많다. 이는 소비자에게는 약간의 불편을 줄 수 있지만, 조립 비용과 인건비를 절약할 수 있는 장점이 있다. 이케아는 이를 통해 추가 비용을 절감하고, 소비자들에게 보다 저렴한 가격으로 제품을 제공할 수 있게 된다.

2. 가격 투명성과 신뢰성 구축

이케아는 가격 전략에서 가격 투명성을 강조한다. 이케아의 제품은 매장, 카탈로그, 온라인에서 동일한 가격으로 제공되며, 소비자들은 언제 어디서든 이케아의 가격을 명확히 알 수 있다. 이러한 투명성은 소비자들이 이케아를 신뢰하게 만드는 중요한 요소다.

예를 들어, 이케아의 제품 라벨에는 가격뿐만 아니라, 제품의 재료, 크기, 기능 등이 명확히 표시되어 있다. 이러한 정보는 소비자들이 제품을 선택할 때 합리적인 결정을 내릴 수 있도록 돕는다. 이와 같은 접근은 소비자들로 하여금 '이케아 제품은 가성비가 좋다'는 인식을 강화하게 만든다.

3. 지역 맞춤형 가격 전략

이케아는 전 세계 여러 나라에 진출하면서 지역 맞춤형 가격 전략을 사용해 성공을 거두었다. 각 지역의 경제 상황, 소비자 구매력, 문화적 특성을 고려하여 가격을 책정하는 것이다. 이는 동일한 제품이라도 지역별로 가격을 다르게 설정하는 유연한 전략을 가능하게 한다.

이케아는 중국 시장에 진출할 때 현지 소비자들이 저렴한 가격에 민감하다는 점을 파악하고, 다른 국가보다 낮은 가격에 제품을 제공하는 전략을 택했다. 예를 들어, 다른 국가에서는 유럽에서 생산된 제품을 수출했지만, 중국에서는 현지에서 생산된 제품을 판매하여 운송비를 절감하고 가격을 낮췄다. 이러한 전략 덕분에 이케아는 중국 시장에서 빠르게 확장할 수 있었다.

4. 가격 프로모션과 특가 상품 전략

이케아는 특정 기간 동안 특별 할인이나 프로모션을 통해 소비자들의 관심을 끌고, 매출을 극대화하는 전략도 사용한다. 정기적으로 진행되는 할인 행사나 시즌별 특가 상품을 통해 소비자들이 매장을 자주 방문하도록 유도한다.

이케아는 고객 충성도를 높이기 위해 '이케아 패밀리(IKEA Family)' 멤버십 프로그램을 운영하고 있다. 이 프로그램에 가입한 회원들은 특정 상품에 대해 특별 할인을 받을 수 있으며, 무료 커피나 주차 할인 등의 추가 혜택을 제공받는다. 이러한 프로모션은 소비자들이 이케아 매장을 자주 방문하고, 제품을 구매하도록 유도하는 효과가 있다.

이케아의 가격 전략과 시장 확장의 성공 요인

이케아의 가격 전략은 제품의 품질을 유지하면서도 가격을 낮추는 방식으로, 소비자들에게 높은 가성비를 제공한다. 이를 통해 이케아는 전 세계적으로 많은 소비자들에게 사랑받는 브랜드가 되었으며, 지속적으로 시장을 확장할 수 있었다. 이케아의 성공 요인은 다음과 같은 요소들에 기반한다.

- 효율적인 생산과 공급망 관리 : 비용 절감을 통해 가격을 낮추면서도 품질을 유지하는 전략
- 가격 투명성 강화 : 소비자 신뢰를 구축하고 브랜드 충성도를 높이는 접근
- 현지화된 전략 사용 : 각 지역의 특성과 소비자 요구에 맞춰 유연하게 대응하는 전략
- 적극적인 프로모션 : 지속적인 할인 행사와 멤버십 혜택을 통한 소비자 유입과 매출 증대

이케아의 가격 전략이 주는 교훈

이케아의 사례는 효과적인 가격 전략이 기업의 성공에 얼마나 중요한 역할을 할 수 있는지를 보여준다. 이케아는 저가 전략과 효율적 운영, 현지 맞춤형 접근을 통해 다양한 소비자들에게 어필하고, 전 세계적으로 브랜드 인지도를 확립할 수 있었다. 이러한 전략은 이케아가 다양한 시장에서 성공적으로 확장하고, 소비자들에게 신뢰받는 브랜드로 자리 잡는 데 크게 기여했다.

이케아의 사례는 기업이 가격을 단순히 낮추는 것만으로는 충분하지 않으며, 가격을 통해 브랜드의 가치를 전달하고 소비자와의 신뢰를 쌓는 것이 얼마나 중요한지를 잘 보여준다.

6장

유통 경로 최적화와 채널 관리

유통 경로와 채널 선택이 왜 중요한지 설명하고, 옴니채널 전략과 디지털 전환의 필요성을 다룬다. 아마존의 유통 네트워크와 채널 전략 사례를 통해 효율적인 유통 관리와 채널 최적화 방법을 소개한다.

01
유통 경로와
채널 선택의 중요성

유통 경로와 채널 선택은 제품이 생산자로부터 소비자에게 전달되는 과정을 결정하는 중요한 전략적 요소다. 유통 경로는 소비자에게 제품을 얼마나 빠르고 효율적으로 전달할 수 있는지를 좌우하며, 그 선택에 따라 제품의 판매량, 브랜드 인지도, 소비자 만족도 등이 크게 달라진다. 쉽게 말해, 유통 경로와 채널 선택은 제품이 소비자와 만나는 방식을 설계하는 과정이라고 할 수 있다.

유통 경로와 채널

유통 경로(Distribution Channel)란 제품이 생산자(제조업체)로부터 최종 소비자에게 도달하기까지의 전체 과정이다. 이 과정에는 도매상, 소매상, 유통업체, 전자상거래 플랫폼 등이 포함될 수 있다.

채널 선택은 제품이 소비자에게 전달되는 경로를 결정하는 과정으로, 이를 통해 어떤 경로와 방법을 사용할 것인지 결정한다. 다양한 채널에는 전통적인 오프라인 매장, 온라인 전자상거래, 직접 판매 등이 있다.

유통 경로와 채널 선택이 중요한 이유

1. 소비자 접근성 향상

유통 경로와 채널은 소비자가 제품을 얼마나 쉽게 접할 수 있는지를 결정한다. 예를 들어, 소비자가 자주 가는 대형마트나 편의점에 제품이 진열되어 있으면 구매 가능성이 높아진다. 반면, 찾기 어려운 매장에만 제품이 있다면 소비자는 쉽게 제품을 구매하지 못할 것이다.

음료수 회사가 새로운 제품을 출시할 때, 대형마트뿐만 아니라 편의점에도 유통하는 이유는 소비자들이 제품을 더 쉽게 접하고 구매할 수 있도록 하기 위함이다. 편의점은 접근성이 뛰어나고, 소비자들이 자주 방문하므로 제품을 빠르게 홍보하고 판매를 촉진할 수 있다.

2. 비용 효율성 극대화

유통 경로를 효율적으로 선택하면 제품이 소비자에게 도달하는 과정에서 발생하는 비용을 줄일 수 있다. 예를 들어, 중간 유통 단계를 줄이거나 생산자로부터 소비자에게 직접 판매하는 방식을 선택하면 유통 비용을 절감할 수 있다. 이러한 비용 절감은 가격 경쟁력을 강화하고, 기업의 이익을 극대화하는 데 기여한다.

화장품 브랜드 '글로시에(Glossier)'는 전통적인 소매 유통망을 거치지 않고, 온라인을 통한 다이렉트 소비자 판매(DTC) 모델을 채택했다. 이를 통해 유통비를 절감하고, 소비자에게 더 나은 가격으로 제품을 제공하며 빠르게 성장할 수 있었다.

3. 시장 커버리지 확대

유통 채널을 잘 선택하면, 제품이 다양한 시장에 진입할 수 있다. 이를 통해 더 많은 소비자에게 도달할 수 있고, 브랜드 인지도를 확장할 수 있다. 예를 들어, 온라인과 오프라인 채널을 동시에 활용하면 전통적인 매장 방문 고객뿐만 아니라 온라인 쇼핑을 선호하는 소비자 모두에게 제품을 판매할 수 있다.

나이키(Nike)는 오프라인 매장뿐만 아니라 온라인 쇼핑몰, 모바일 앱, 소셜 미디어를 통한 다양한 채널을 활용해 소비자와의 접점을 확대하고 있다. 이러한 전략을 통해 나이키는 전 세계 소비자들에게 제품을 빠르고 효율적으로 제공할 수 있다.

4. 고객 경험과 브랜드 충성도 강화

유통 경로는 제품을 구입하는 과정에서의 고객 경험에 직접적인 영향을 미친다. 소비자가 제품을 구매하고 사용하는 과정이 원활하고 만족스럽다면, 브랜드에 대한 긍정적인 인식이 형성되고, 이는 고객 충성도로 이어질 수 있다. 반면, 유통 경로에서의 문제(예 : 배송 지연, 불친절한 서비스 등)는 브랜드 이미지에 부정적인 영향을 미친다.

아마존(Amazon)은 프라임(Prime) 멤버십을 통해 신속한 배송 서비스를 제공한다. 이를 통해 소비자들이 아마존에서 제품을 구매할 때 빠르고 편리하게 받아볼 수 있도록 하여, 고객 만족도와 브랜드 충성도를 높였다.

5. 경쟁 우위 확보

효과적인 유통 경로와 채널 선택은 기업이 경쟁사와 차별화될 수 있는 강력한 요소다. 경쟁사들이 접근하지 못하는 새로운 유통 경로를 개발하거나, 독점적인 유통 계약을 체결하는 방식으로 경쟁 우위를 확보할 수 있다.

애플(Apple)은 자체 리테일 스토어를 통해 독점적으로 제품을 판매하고, 고객에게 차별화된 경험을 제공한다. 이러한 독점적인 유통 전략은 애플의 브랜드 이미지를 고급스럽고 차별화된 것으로 강화하는 데 기여했다.

유통 경로와 채널 선택의 중요성

유통 경로와 채널 선택은 제품이 소비자에게 얼마나 빠르고 효율적으로 도달하는지, 얼마나 많은 소비자에게 접근할 수 있는지, 얼마나 좋은 고객 경험을 제공할 수 있는지를 결정하는 핵심 요소다. 따라서 기업은 제품의 특성과 목표 시장을 고려해 가장 적합한 유통 경로와 채널을 선택해야 한다.

이러한 선택이 올바르게 이루어진다면, 기업은 비용을 절감하고 매출을 극대화하며, 브랜드 가치를 강화할 수 있다. 반대로 잘못된 선택은 제품 판매에 부정적인 영향을 미칠 수 있으므로, 신중한 전략적 접근이 필요하다.

02
옴니채널 전략 및 디지털 전환

옴니채널 전략과 디지털 전환은 오늘날 기업들이 소비자와의 접점을 확대하고, 더 나은 고객 경험을 제공하기 위해 사용하는 중요한 마케팅 전략이다. 옴니채널 전략은 고객이 오프라인 매장, 온라인 웹사이트, 모바일 앱, 소셜 미디어 등 다양한 채널을 통해 일관된 경험을 할 수 있도록 하는 접근 방식이다. 디지털 전환은 이러한 옴니채널 전략을 효과적으로 실행하기 위해 필요한 기술적 변화와 혁신을 의미한다.

옴니채널 전략과 디지털 전환은 기업이 고객에게 더 나은 서비스를 제공하고, 경쟁에서 우위를 점할 수 있는 중요한 방법이다.

옴니채널 전략이란 무엇인가?

옴니채널 전략(Omni-Channel Strategy)은 여러 유통 채널(온라인과 오프라인)을 통합하여 고객이 언제 어디서든 일관된 경험을 할 수 있도록 하는 전략이다. 고객은 오프라인 매장에서도, 웹사이트에서도, 모바일 앱이나 소셜 미디어에서도 동일한 제품과 서비스를 확인하고, 구매할 수 있어야 한다. 옴니채널 전략은 고객이 원하는 시간과 장소에서 브랜드와 쉽게 상호작용할 수 있도록 하여, 구매 편의성을 극대화한다.

예를 들어, 고객이 모바일 앱에서 상품을 보고, 매장에서 직접 확인한 후, 온라인으로 주문하고 집에서 배송받는 것이 모두 매끄럽게 이어지도록 하는 것이 옴니채널 전략이다.

디지털 전환이란 무엇인가?

디지털 전환(Digital Transformation)은 기업이 디지털 기술을 사용해 비즈니스 운영 방식을 혁신하고, 고객에게 더 나은 경험을 제공하는 과정이다. 이를 통해 기존의 물리적인 운영 방식을 개선하고, 더 효율적인 프로세스를 만들어낸다. 디지털 전환에는 데이터 분석, 클라우드 컴퓨팅, 인공지능(AI), 사물인터넷(IoT) 등 다양한 최신 기술이 활용된다.

디지털 전환은 옴니채널 전략을 구현하는 데 필수적이며, 이를 통해 기업은 고객 데이터를 수집하고 분석하여 맞춤형 서비스를 제공하고, 구매 과정을 자동화할 수 있다.

옴니채널 전략과 디지털 전환의 중요성

1. 고객 경험 개선

옴니채널 전략은 고객이 원하는 시간과 장소에서 제품과 서비스를 쉽게 이용할 수 있게 하여, 고객 경험을 크게 개선한다. 디지털 전환을 통해 고객 데이터를 분석하여 개개인의 선호도에 맞춘 맞춤형 제안을 제공할 수도 있다. 이는 고객이 브랜드에 대해 더 높은 만족도를 가지게 하고, 더 자주 재방문하도록 유도한다.

스타벅스(Starbucks)는 모바일 앱, 웹사이트, 오프라인 매장을 통합하여 고객이 다양한 방식으로 음료를 주문하고 결제할 수 있도록 한다. 예를 들어, 고객은 스타벅스 앱에서 주문을 미리 하고, 매장에 도착하자마자 음료를 받아갈 수 있다. 이처럼 매장과 디지털 플랫폼을 연결하여 고객 경험을 최적화하고, 대기 시간을 줄이며, 편의성을 제공한다.

2. 판매와 수익 증대

옴니채널 전략은 다양한 채널에서의 판매 기회를 극대화하여 매출을 증가시킬 수 있다. 온라인과 오프라인, 모바일 앱을 결합하여 더 많은 고객에게 다가가고, 제품을 홍보할 수 있다. 디지털 전환을 통해 기업은 재고 관리를 최적화하고, 주문 처리 속도를 높여 고객에게 더 빠른 서비스를 제공할 수 있다.

아디다스(Adidas)는 온라인 스토어와 오프라인 매장을 통합하여, 고객이 매장에서 제품을 확인하고, 필요시 온라인에서 구매할 수 있는 환경을 제공한다. 이처럼 온오프라인 통합 전략을 통해 고객의 다양한 구매 경로를 제공하여 매출을 극대화했다.

3. 고객 충성도 향상

옴니채널 전략은 고객에게 일관되고 개인화된 경험을 제공함으로써 고객 충성도를 높인다. 고객이 여러 채널에서 동일한 브랜드 경험을 할 수 있다면, 그 브랜드에 대한 신뢰와 선호도가 증가한다. 디지털 전환을 통해 고객 데이터를 기반으로 한 맞춤형 추천, 특별 할인, 로열티 프로그램 등을 운영하면, 고객이 브랜드에 더 오랫동안 충성하게 만든다.

나이키(Nike)는 '나이키 플러스(Nike Plus)' 프로그램을 통해 온라인과 오프라인에서 일관된 혜택을 제공하고, 고객 데이터를 활용해 개인화된 추천과 맞춤형 경험을 제공한다. 이를 통해 고객은 나이키 브랜드와의 깊은 연결을 느끼고, 충성도가 높아진다.

4. 시장 변화에 대한 빠른 대응

옴니채널 전략과 디지털 전환을 통해 기업은 시장의 변화에 빠르게 대응할 수 있다. 소비자의 행동 변화나 기술의 발전에 따라 다양한 채널을 통해 적시에 제품과 서비스를 제공할 수 있는 유연성을 갖추게 된다. 디지털 기술을 활용하면 시장 데이터를 실시간으로 분석하고, 신속하게 전략을 수정하거나 새로운 마케팅 캠페인을 실행할 수 있다.

아마존(Amazon)은 온라인을 중심으로 하면서도, 무인 매장 '아마존 고(Amazon Go)'와 같은 혁신적인 오프라인 매장을 운영하여 다양한 채널에서 고객에게 서비스를 제공한다. 이를 통해 아마존은 빠르게 변화하는 소비자 트렌드에 대응하고, 고객에게 더 많은 선택지를 제공할 수 있다.

옴니채널 전략과 디지털 전환의 필요성

옴니채널 전략과 디지털 전환은 현대 마케팅에서 필수적인 요소다. 고객이 다양한 경로에서 일관된 경험을 할 수 있도록 하고, 기술을 활용해 고객 데이터를 효과적으로 관리하면, 고객의 만족도를 높이고 브랜드 충성도를 강화할 수 있다. 또한, 옴니채널 전략을 통해 기업은 시장 변화에 신속하게 대응하며, 판매 기회를 극대화하고 지속적인 성장을 이끌어낼 수 있다.

결국, 옴니채널 전략과 디지털 전환은 기업이 현대의 빠르게 변화하는 시장에서 경쟁력을 유지하고, 성공하기 위해 반드시 필요한 접근법이다. 이를 통해 고객과의 관계를 강화하고, 장기적인 성과를 이끌어낼 수 있다.

마케팅 사례

아마존(Amazon)의 유통 네트워크와 채널 전략

아마존(Amazon)은 전 세계에서 가장 큰 전자상거래 기업 중 하나로, 고객에게 제품을 빠르고 효율적으로 전달하기 위해 매우 혁신적이고 복잡한 유통 네트워크와 채널 전략을 사용한다. 아마존의 성공 비결 중 하나는 이러한 전략을 통해 소비자들에게 더 나은 경험을 제공하고, 경쟁자들과 차별화된 위치를 유지하는 데 있다.

아마존의 유통 네트워크와 채널 전략은 어떻게 구성되어 있으며, 이를 통해 어떻게 시장에서 성공을 거두었는지 알아보자.

아마존의 유통 네트워크와 채널 전략

1. 광범위한 물류 네트워크 구축
아마존의 가장 큰 강점 중 하나는 광범위한 물류 네트워크다. 전 세계에 수천 개의 물류 센터(풀필먼트 센터)를 운영하며, 이를 통해 제품을 신속하게 저장하고, 포장하고, 배송한다. 아마존은 이러한 물류 센터를 전략적으로 배치하여, 고객 주문이 들어오면 가장 가까운 센터에서 즉시 처리할 수 있도록 한다.

아마존 프라임 회원은 '당일 배송'이나 '이틀 배송'과 같은 빠른 배송 서비스를 이용할 수 있다. 이는 아마존의 광범위한 물류 네트워크 덕분에 가능한 것이다. 물류 센터가 고객과 가까운 위치에 있기 때문에 주문이 들어오면 신속하게 처리할 수 있다. 이러한 서비스는 고객의 만족도를 크게 높이고, 아마존에 대한 충성도를 강화한다.

2. 첨단 기술을 활용한 효율적인 운영

아마존은 유통 네트워크의 효율성을 극대화하기 위해 첨단 기술을 적극 활용한다. 인공지능(AI), 로봇 공학, 머신러닝 등을 도입해 물류 센터 내에서 제품의 위치를 최적화하고, 자동화된 로봇을 통해 제품을 신속하게 이동시키고 포장한다. 또한, 데이터 분석을 통해 재고를 효과적으로 관리하고, 고객의 수요를 예측하여 필요한 제품을 미리 준비한다.

아마존은 물류 센터에서 로봇을 사용해 상품을 자동으로 선반에서 꺼내고 포장하는 작업을 수행한다. 이는 인건비를 줄이고, 처리 속도를 높여 더 많은 주문을 신속하게 처리할 수 있도록 한다. 또한, AI 기술을 활용해 고객이 자주 찾는 제품을 예측하고, 해당 제품의 재고를 미리 준비해 배송 시간을 단축한다.

3. 다양한 채널 전략과 옴니채널 접근

아마존은 온라인 전자상거래뿐만 아니라, 오프라인 채널도 적극적으로 활용하여 옴니채널 접근을 구현하고 있다. 예를 들어, 무인 매장인 '아마존 고(Amazon Go)'를 통해 오프라인에서도 혁신적인 쇼핑 경험을 제공하고 있다. 아마존 고 매장에서는 고객이 제품을 선택해 매장을 나가기만 하면, 자동으로 결제가 이루어지며, 대기 시간이 전혀 없다. 이러한 방식은 소비자에게 편리함을 제공하고, 오프라인 매장에서도 아마존의 브랜드 가치를 높여준다.

또한, 아마존은 '홀푸드 마켓(Whole Foods Market)'을 인수하여 신선식품을 포함한 다양한 제품을 오프라인에서도 판매하고, 온라인 주문 시 당일 배송하는 서비스까지 확대했다. 이를 통해 아마존은 소비자들이 원하는 다양한 구매 경로를 제공하며, 온오프라인의 경계를 허물었다.

4. 제3자 판매자와의 협업

아마존은 자체 제품뿐만 아니라, 수백만 명의 제3자 판매자(Third-Party Sellers)들이 아마존 플랫폼을 통해 제품을 판매하도록 허용한다. 이를 통해 다양한 제품군을 확보하고, 소비자들이 한 곳에서 모든 것을 구매할 수 있도록 했다. 아마존은 이러한 제3자 판매자에게 물류 서비스를 제공하며, 수수료를 통해 수익을 창출하기도 한다.

아마존 마켓플레이스는 중소기업이나 개인 판매자들이 아마존 플랫폼을 통해 상품을 판매할 수 있는 기회를 제공한다. 이를 통해 아마존은 방대한 제품 선택권을 제공하고, 판매자와 협력하여 상호 이익을 추구한다. 소비자들은 다양한 옵션을 한눈에 비교하고 구매할 수 있어 편리하다.

5. 자체 배송 네트워크 확장

아마존은 기존 배송사에 의존하지 않고, 자체 배송 네트워크를 구축하여 비용을 절감하고 배송 속도를 더욱 빠르게 하고 있다. 아마존 플렉스(Amazon Flex)와 같은 프로그램을 통해 개인 운전자를 활용해 라스트 마일 배송을 강화하고 있으며, 자사의 항공기, 드론, 화물 트럭 등을 사용해 배송 효율성을 높이고 있다.

아마존은 드론을 활용한 '프라임 에어(Prime Air)' 서비스를 통해 신속한 배송을 목표로 하고 있다. 드론 배송은 특히 긴급한 배송이나 교통이 혼잡한 지역에서 큰 효과를 발휘할 수 있으며, 이를 통해 배송 시간을 대폭 단축할 수 있다.

아마존의 유통 네트워크와 채널 전략의 성공 요인

아마존의 유통 네트워크와 채널 전략이 성공할 수 있었던 이유는 다음과 같다.

- 혁신적인 기술 활용 : 인공지능, 로봇, 드론 등의 최신 기술을 활

용해 유통과 물류의 효율성을 극대화.
- 다양한 채널 운영 : 온라인과 오프라인을 아우르는 옴니채널 전략으로 고객에게 더 많은 구매 옵션을 제공.
- 광범위한 물류 네트워크 : 전 세계에 걸친 물류 센터와 자체 배송 네트워크를 통해 고객에게 신속하고 효율적인 서비스를 제공.
- 파트너십과 협업 : 제3자 판매자들과의 협력을 통해 제품 선택의 폭을 넓히고, 플랫폼의 가치를 증대.

아마존의 유통 네트워크와 채널 전략의 교훈

아마존의 사례는 현대 기업들이 어떻게 유통 네트워크와 채널 전략을 혁신적으로 활용하여 시장에서 성공할 수 있는지를 잘 보여준다. 아마존은 고객 경험을 최우선으로 하면서, 다양한 채널을 통합하고 첨단 기술을 적극적으로 활용하여 경쟁 우위를 확보했다. 이러한 전략은 아마존이 글로벌 시장에서 지속적으로 성장하고, 소비자들에게 신뢰받는 브랜드로 자리매김하는 데 큰 기여를 하고 있다.

아마존의 유통 네트워크와 채널 전략은 **효율성, 혁신, 고객 중심**의 철학을 기반으로 하고 있으며, 이를 통해 기업이 어떻게 변화하는 시장 환경에서 적응하고 경쟁력을 유지할 수 있는지를 잘 보여준다.

7장

촉진 전략과 마케팅 커뮤니케이션의 힘

다양한 촉진 활동이 마케팅에서 어떻게 활용되는지를 설명한다. 광고, 홍보, 퍼포먼스 마케팅 등 다양한 촉진 전략을 소개하고, 소셜 미디어와 인플루언서 마케팅의 효과를 논의한다. 코카콜라의 글로벌 광고 캠페인 사례를 통해 효과적인 마케팅 커뮤니케이션 전략을 보여준다.

01
광고, 홍보, 퍼포먼스 마케팅 등 다양한 촉진 활동

촉진 활동(Promotion)은 기업이 자사의 제품이나 서비스를 소비자에게 알리고, 그들이 이를 구매하도록 유도하기 위해 사용하는 다양한 마케팅 커뮤니케이션 수단이다. 촉진 활동은 소비자에게 제품의 장점과 가치를 전달하고, 브랜드 인지도를 높이며, 궁극적으로 매출을 증가시키는 중요한 역할을 한다. 촉진 활동에는 광고, 홍보, 퍼포먼스 마케팅 등 여러 가지 방법이 있으며, 각각의 방법은 상황에 따라 다르게 활용될 수 있다.

이제 각 촉진 활동이 무엇이며, 어떻게 활용될 수 있는지 알아보자.

1. 광고(Advertising)

광고는 소비자에게 제품이나 서비스를 알리고, 브랜드 인지도를 높이며, 소비자가 특정 행동(예 : 구매)을 하도록 유도하는 촉진 활동이다. 광고는 TV, 라디오, 신문, 잡지, 온라인, 소셜 미디어, 옥외 광고(빌보드, 버스 광고 등)와 같은 다양한 매체를 통해 전달될 수 있다.

광고의 가장 큰 장점은 짧은 시간 내에 넓은 범위의 대중에게 메시지를 전달할 수 있다는 것이다. 브랜드는 광고를 통해 자신의 이미지를 구축하고, 소비자들에게 긍정적인 인상을 남길 수 있다.

코카콜라(Coca-Cola)는 "Open Happiness"와 같은 글로벌 광고 캠페인을 통해 브랜드의 이미지를 '행복'과 연결시키는 데 성공했다. 이 캠페인은 TV, 온라인, 소셜 미디어 등 다양한 매체를 통해 전 세계 소비자들에게 전달되었으며, 코카콜라가 단순한 음료를 넘어 긍정적인 감정을 상징하는 브랜드로 인식되도록 했다.

2. 홍보(Public Relations, PR)

홍보는 제품, 서비스, 혹은 기업의 이미지를 긍정적으로 관리하고, 대중과의 좋은 관계를 구축하기 위한 활동이다. 홍보는 보도자료, 미디어 인터뷰, 이벤트, 후원, 공익활동 등을 통해 이루어지며, 이를 통해 기업은 대중에게 신뢰를 얻고, 긍정적인 인식을 형성한다.

홍보의 특징은 광고와 달리 '유료'가 아니라 '자발적인 언론 보도'나 '사람들의 입소문'을 통해 메시지가 전달된다는 점이다. 이는 광고보다 더 신뢰할 수 있는 메시지로 인식되기 때문에, 소비자에게 강력한 영향력을 미칠 수 있다.

애플(Apple)은 신제품 발표 이벤트를 정기적으로 개최하며, 전 세계의 언론과 소비자들의 관심을 끈다. 이 이벤트는 애플의 제품 혁신과 기술적 우위를 강조하고, 브랜드에 대한 기대감을 높인다. 애플의 이러한 홍보 전략은 소비자들에게 제품 출시 전부터 큰 관심을 불러일으키며, 자연스러운 언론 보도와 입소문을 유도하는 데 매우 효과적이다.

3. 퍼포먼스 마케팅(Performance Marketing)

퍼포먼스 마케팅은 광고주가 광고비용을 지불할 때, 광고의 실제 성과(클릭, 전환, 판매 등)에 따라 비용을 지불하는 성과 기반 마케팅 활동이다. 이는 디지털 환경에서 특히 많이 활용되며, 광고의 효과를 측정하고 최적화하는 데 유리하다. 광고주는 광고 캠페인에서 얼마나 많은 클릭이나 전환이 이루어졌는지를 기준으로 비용을 지불하기 때문에, 예산을 효과적으로 사용하고 ROI(투자 대비 수익)을 극대화할 수 있다.

퍼포먼스 마케팅의 주요 채널로는 검색 광고(SEM), 소셜 미디어 광고, 리타겟팅 광고, 제휴 마케팅 등이 있다. 이는 고객이 특정 행동(예 : 웹사이트 방문, 상품 구매 등)을 하도록 유도하는 데 효과적이다.

전자상거래 사이트들은 퍼포먼스 마케팅의 일환으로 리타겟팅 광고를 많이 사용한다. 예를 들어, 소비자가 온라인 쇼핑몰에서 특정 상품을 보고 나갔을 때, 그 상품의 광고가 다른 웹사이트나 소셜 미디어에 계속해서 등장하도록 하는 것이다. 이를 통해 소비자에게 지속적으로 브랜드와 제품을 상기시켜 구매를 유도한다.

4. 이벤트 마케팅(Event Marketing)

이벤트 마케팅은 소비자들의 참여를 유도하고 브랜드와의 관계를 강화하기 위해 다양한 이벤트를 기획하고 실행하는 전략이다. 이는 제품 출시 행사, 로드쇼, 제품 체험 행사, 콘테스트 등 소비자들이 직접 경험하고 참여할 수 있는 활동을 포함한다. 이벤트 마케팅은 소비자에게 브랜드에 대한 깊은 인상을 남기고, 긍정적인 경험을 통해 충성 고객을 창출할 수 있다.

테슬라(Tesla)는 신차 발표 이벤트를 통해 새로운 차량 모델을 소개하고, 전 세계 미디어와 소비자들의 관심을 끌어모은다. 이 이벤트는 전통적인 광고나 홍보보다 더 깊이 있는 경험을 제공하며, 소비자들이 직접 제품을 경험하고 브랜드의 혁신성을 체감하도록 한다.

5. 제휴 마케팅(Affiliate Marketing)

제휴 마케팅은 다른 기업이나 개인(예 : 블로거, 웹사이트 소유자)과 협력하여 제품을 홍보하고, 발생한 판매나 전환에 대해 커미션을 지급하는 방식이다. 제휴 마케팅은 판매자와 제휴 파트너 모두에게 이익이 되는 전략으로, 판매자가 직접 마케팅을 하지 않고도 더 많은 고객을 유치할 수 있는 효과적인 방법이다.

아마존(Amazon)은 '아마존 어소시에이트 프로그램'을 통해 블로거, 유튜버, 웹사이트 소유자 등이 아마존 링크를 통해 제품을 추천하고, 해당 링크를 통해 발생한 구매에 대해 커미션을 지급한다. 이를 통해 아마존은 다양한 채널을 통해 더 많은 판매를 유도하고, 제휴 파트너들은 수익을 얻는다.

다양한 촉진 활동의 중요성

광고, 홍보, 퍼포먼스 마케팅, 소셜 미디어 마케팅, 인플루언서 마케팅, 이벤트 및 프로모션 등 다양한 촉진 활동은 각각의 특성과 장점을 가지고 있다. 이들은 기업이 제품과 서비스를 더 효과적으로 알리고, 소비자에게 긍정적인 인식을 심어주며, 궁극적으로 매출을 증대시키는 데 중요한 역할을 한다.

각 촉진 활동은 서로 보완적인 역할을 하며, 기업의 마케팅 목표와 상황에 따라 직질히 활용된다. 이를 통해 기업은 소비자와의 접점을 넓히고, 더 강력한 브랜드 이미지를 구축할 수 있다. 결국, 다양한 촉진 활동을 전략적으로 사용하는 것이 마케팅에서 성공을 거두는 핵심 열쇠라고 할 수 있다.

02

소셜 미디어와 인플루언서 마케팅

소셜 미디어 마케팅과 인플루언서 마케팅은 현대 마케팅에서 빼놓을 수 없는 중요한 전략이다. 인터넷과 스마트폰의 보급으로, 많은 사람들이 소셜 미디어를 일상적으로 사용하게 되었고, 이에 따라 기업들도 소셜 미디어를 활용하여 더 많은 소비자와 소통하고, 제품과 브랜드를 홍보하는 데 집중하고 있다. 또한, 인플루언서라는 새로운 영향력 있는 개인들을 통해 브랜드 메시지를 전달하는 인플루언서 마케팅도 크게 주목받고 있다.

소셜 미디어와 인플루언서 마케팅이 무엇인지, 어떻게 활용되고 있는지 쉽게 설명해 보자.

소셜 미디어 마케팅이란?

소셜 미디어 마케팅(Social Media Marketing)은 페이스북, 인스타그램, 트위터, 틱톡과 같은 소셜 미디어 플랫폼을 통해 브랜드, 제품 또는 서비스를 홍보하고 소비자와 소통하는 마케팅 활동이다. 이 방법은 소비자와 직접 소통하고, 실시간으로 피드백을 받으며, 브랜드의 인지도를 높이는 데 매우 효과적이다.

소셜 미디어 마케팅의 주요 특징은 바로 상호작용성이다. 기업은 소셜 미디어를 통해 소비자와 직접적으로 소통할 수 있고, 소비자들은 브랜드에 대해 의견을 나누거나 피드백을 줄 수 있다. 이를 통해 브랜드는 고객의 목소리에 더 귀 기울이고, 더 나은 제품과 서비스를 제공할 수 있다.

소셜 미디어 마케팅의 효과적인 활용

1. 콘텐츠 마케팅(Content Marketing)

소셜 미디어에서는 다양한 콘텐츠(이미지, 동영상, 글 등)를 활용해 브랜드의 스토리와 가치를 전달할 수 있다. 예를 들어, 제품 사용법을 설명하는 동영상, 고객 후기나 이야기, 신제품 발표 등을 통해 소비자들의 관심을 끌고, 브랜드에 대한 긍정적인 이미지를 심어줄 수 있다.

2. 커뮤니티 구축(Building a Community)

소셜 미디어는 브랜드와 소비자 간의 커뮤니티를 형성하는 데 도움을 준다. 예를 들어, 페이스북 그룹이나 인스타그램 해시태그를 통해 브랜드 팬들이 서로 소통하고, 제품에 대한 정보를 공유하며, 충성도 높은 커뮤니티를 구축할 수 있다.

3. 실시간 고객 지원(Real-Time Customer Support)

소셜 미디어는 고객의 질문이나 문제를 즉시 해결할 수 있는 중요한 채널이다. 브랜드는 고객이 소셜 미디어를 통해 질문을 하면 빠르게 응답하여, 고객 만족도를 높이고, 긍정적인 브랜드 경험을 제공할 수 있다.

나이키(Nike)는 인스타그램을 통해 스포츠와 관련된 멋진 이미지와 동영상을 공유하며, 브랜드 가치를 지속적으로 알리고 있다. 또한, 유명한 운동선수들과의 협업 콘텐츠, 일반 사용자들의 운동 도전기 등을 소개하여 소비자와의 소통을 강화하고, 커뮤니티를 구축하고 있다.

인플루언서 마케팅이란?

인플루언서 마케팅(Influencer Marketing)은 팔로워가 많은 인플루언서(소셜 미디어에서 큰 영향력을 가진 사람들)를 활용하여 브랜드나 제품을 홍보하는 전략이다. 인플루언서는 그들의 팔로워들에게 큰 신뢰와 영향력을 가지고 있기 때문에, 그들이 추천하는 제품이나 서비스는 일반 광고보다 더 신뢰받을 가능성이 높다.

인플루언서는 패션, 뷰티, 여행, 피트니스, 기술 등 다양한 분야에서 활동하며, 그들의 추천은 특정 소비자 집단에게 큰 호소력을 가진다. 기업은 이러한 인플루언서와 협업하여 제품을 홍보하고, 브랜드 메시지를 전달할 수 있다.

인플루언서 마케팅의 효과적인 활용

1. 브랜드 인지도 확장(Expanding Brand Awareness)

인플루언서는 이미 자신들의 팔로워들에게 인지도가 높은 존재이기 때문에, 그들의 추천을 통해 브랜드의 인지도를 빠르게 확장할 수 있다. 이는 특히 새로운 브랜드나 제품이 시장에 진입할 때 매우 효과적이다.

2. 신뢰와 권위 구축(Building Trust and Authority)

인플루언서는 팔로워들에게 신뢰받는 존재이기 때문에, 그들이 추천하는 제품이나 서비스는 소비자들에게 더욱 신뢰감을 준다. 이를 통해 브랜드는 신뢰와 권위를 쌓고, 소비자들 사이에서 긍정적인 이미지를 구축할 수 있다.

3. 타깃 마케팅(Targeted Marketing)

인플루언서 마케팅은 특정 소비자 집단을 타깃으로 하기에 매우 적합하다. 예를 들어, 피트니스 인플루언서는 건강과 운동에 관심 있는 소비자들에게 브랜드를 소개하기에 이상적이며, 이는 타깃 고객에게 정확하게 메시지를 전달하는 데 효과적이다.

뷰티 브랜드 글로시(Glossier)에는 유명한 뷰티 인플루언서들과 협업하여 신제품을 소개하고, 리뷰를 공유하도록 했다. 이 전략을 통해 글로시에는 소비자들 사이에서 빠르게 인지도를 높였고, 신뢰를 쌓아 새로운 고객을 유치할 수 있었다.

소셜 미디어와 인플루언서 마케팅의 결합

이 두 가지 전략은 서로 보완적일 수 있다. 인플루언서 마케팅은 소셜 미디어 플랫폼을 통해 실행되며, 브랜드는 인플루언서를 통해 콘텐츠를 더 많은 소비자에게 전달하고, 더 높은 참여를 유도할 수 있다. 예를 들어, 브랜드가 인스타그램에서 인플루언서를 활용해 특정 제품을 소개하면, 소비자들은 해당 제품의 공식 페이지로 쉽게 이동해 더 많은 정보를 얻고 구매할 수 있다.

소셜 미디어와 인플루언서 마케팅의 필요성

소셜 미디어와 인플루언서 마케팅은 오늘날 브랜드가 소비자와 연결되는 데 중요한 도구다. 소셜 미디어는 브랜드가 소비자와 직접적으로 소통하고, 신뢰를 쌓으며, 강력한 커뮤니티를 구축하는 데 필수적이다. 인플루언서 마케팅은 브랜드 메시지를 더 신뢰할 수 있는 방법으로 전달하고, 특정 소비자 그룹에 효과적으로 도달하는 데 도움을 준다.

두 전략을 함께 사용하면, 브랜드는 소비자와의 관계를 강화하고, 더 많은 고객을 유치하며, 시장에서 경쟁 우위를 확보할 수 있다. 오늘날의 마케팅 환경에서는 이 두 가지 전략을 통합적으로 사용하는 것이 성공의 열쇠라고 할 수 있다.

마케팅 사례

코카콜라(Coca-Cola)의 글로벌 광고 캠페인

코카콜라(Coca-Cola)는 전 세계에서 가장 잘 알려진 음료 브랜드 중 하나로, 그 성공 비결 중 하나는 탁월한 광고 캠페인에 있다. 코카콜라는 수십 년간 다양한 글로벌 광고 캠페인을 통해 브랜드 이미지를 강화하고, 전 세계 소비자들의 마음을 사로잡았다. 코카콜라의 광고 전략은 단순히 제품을 판매하는 것을 넘어, 사람들에게 감정적 연결을 구축하고, 브랜드를 특정 감정(예 : 행복, 즐거움)과 연관시키는 데 중점을 두었다.

코카콜라의 대표적인 글로벌 광고 캠페인 사례를 통해, 그들이 어떻게 효과적인 마케팅 전략을 구축했는지 알아보자.

코카콜라의 글로벌 광고 캠페인 전략

1. 감정에 호소하는 광고 전략

코카콜라의 광고는 항상 소비자들에게 **감정적 호소**를 하는 것이 특징이다. 제품 자체보다는 '행복, 우정, 사랑, 공유'와 같은 보편적인 감정을 강조하며, 소비자들이 브랜드와 정서적으로 연결되도록 유도한다. 이러한 감정적인 호소는 소비자들이 코카콜라를 단순한 음료가 아닌, 특별한 순간을 함께하는 상징으로 인식하게 만든다.

코카콜라는 "Open Happiness(행복을 열어라)"라는 슬로건을 사용한 글로벌 광고 캠페인을 통해, 코카콜라가 단순히 목을 축이는 음료가 아니라, 행복을 나누는 매개체라는 메시지를 전달했다. 이 캠페인은 TV 광고, 소셜 미디어, 야외 광고 등 다양한 채널을 통해 전 세계로 퍼져나갔고, 소비자들에게 큰 공감을 얻었다. 이 광고는 사람들이 코카콜라를 마시며 즐거운 순간을 보내는 장면을 통해, '코카콜라=행복'이라는 이미지를 각인시켰다.

2. 로컬라이제이션(Localization)과 글로벌 통일성의 균형

코카콜라는 전 세계적으로 동일한 브랜드 이미지를 유지하면서도, 각 지역의 문화적 특성을 고려한 **로컬라이제이션 전략**을 사용한다. 이는 글로벌 통일성을 유지하면서도, 각국의 소비자들이 공감할 수 있는 메시지를 전달하기 위한 방법이다.

예를 들어, 코카콜라는 같은 슬로건을 사용하지만, 각 나라의 문화적 특성에 맞게 광고의 내용과 표현을 조정한다. 이는 소비자들이 코카콜라를 더 가깝고 친근하게 느끼도록 돕는다.

코카콜라의 "Share a Coke" 캠페인은 전 세계적으로 동일한 메시지를 전달하면서도, 각 나라의 언어와 문화에 맞게 현지화된 전략을 사용했다. 이 캠페인에서는 코카콜라 병에 사람들의 이름이나 감성적인 메시지를 넣어, 개인화된 경험을 제공했다. 예를 들어, 한국에서는 '우리가족', '자기야', '친구야'와 같은 닉네임과 '잘될거야', '사랑해', '고마워' 같은 메시지를 사용했고, 미국에서는 John, Emma 같은 이름을 사용했다. 이 캠페인은 소비자들에게 큰 인기를 끌었고, 코카콜라 판매를 크게 증가시켰다.

3. 일관된 브랜드 메시지와 시각적 정체성

코카콜라는 언제나 **일관된 브랜드 메시지와 시각적 정체성**을 유지하는 데 집중한다. 코카콜라는 항상 빨간색과 흰색의 브랜드 색상과 고유한 로고를 사용하며, 이로써 브랜드의 통일성과 인지도를 강화한다. 또한, 광고에서 사용하는 음악, 목소리, 이미지 스타일 등이 모두 일관되게 유지되어, 소비자들이 광고를 볼 때마다 코카콜라를 즉시 인식할 수 있도록 한다.

코카콜라는 1930년대부터 크리스마스 시즌마다 산타클로스(Santa Claus)를 등장시키는 광고를 제작해왔다. 코카콜라의 산타클로스는 빨간 옷을 입고 코카콜라를 마시며 미소 짓는 모습으로 전 세계적으로 유명해졌다. 이 광고는 코카콜라와 크리스마스가 서로 밀접하게 연결된 이미지를 형성하고, 매년 연말에 코카콜라가 연상되도록 만들었다. 이처럼 일관된 시각적 정체성을 유지함으로써, 코카콜라는 브랜드 인지도를 높이고, 소비자들에게 강한 인상을 남겼다.

4. 다양한 미디어 채널 활용

코카콜라는 다양한 미디어 채널을 활용하여 광고 캠페인을 실행한다. 전통적인 TV 광고뿐만 아니라, 소셜 미디어, 디지털 광고, 옥외 광고, 이벤트 등 다양한 채널을 통해 소비자와의 접점을 극대화한다. 이러한 멀티채널 전략은 더 많은 소비자에게 도달하고, 브랜드 메시지를 효과적으로 전달하는 데 도움을 준다.

2016년에 시작된 "Taste the Feeling" 캠페인은 코카콜라가 소비자들과 소통하기 위해 여러 미디어 채널을 활용한 대표적인 사례다. 이 캠페인은 TV 광고, 유튜브 동영상, 인스타그램 포스트, 페이스북 이벤트 등을 통해 글로벌 소비자들에게 다양한 방식으로 전달되었다. 소비자들은 코카콜라가 제공하는 '특별한 순간'을 경험할 수 있는 다양한 콘텐츠를 접하면서 브랜드에 대한 긍정적인 인식을 강화하게 되었다.

5. 소셜 캠페인과 참여 유도

코카콜라는 소비자들이 광고를 단순히 시청하는 것을 넘어, **직접 참여할 수 있는 소셜 캠페인**을 자주 실행한다. 이는 소비자들이 브랜드와 더 깊이 연결되도록 만들고, 자발적인 홍보를 유도할 수 있다.

코카콜라는 "Share a Coke" 캠페인의 일환으로, 소비자들이 소셜미디어에 자신만의 코카콜라 병 사진을 올리도록 장려하는 해시태그 캠페인을 진행했다. 많은 사람들이 자신의 이름이 적힌 코카콜라 병 사진을 인스타그램과 페이스북에 올렸고, 이로 인해 자연스럽게 브랜드에 대한 대화가 확산되었다. 이 캠페인은 소비자들의 자발적인 참여를 통해 브랜드 인지도를 크게 높이는 데 성공했다.

코카콜라의 글로벌 광고 캠페인이 주는 교훈

코카콜라의 글로벌 광고 캠페인은 **감정적 연결, 현지화 전략, 일관된 브랜드 메시지, 다양한 채널 활용, 소비자 참여 유도**를 통해 어떻게 브랜드를 전 세계적으로 성공적으로 확장할 수 있는지를 보여주는 훌륭한 사례다. 코카콜라는 단순히 제품을 판매하는 것 이상의 가치를 제공하며, 소비자들이 브랜드와 감정적으로 연결되도록 유도한다.

이러한 전략을 통해 코카콜라는 전 세계에서 사랑받는 브랜드로 자리매김할 수 있었으며, 그들의 광고 캠페인은 다른 기업들이 참고할 만한 중요한 마케팅 전략의 모범이 되고 있다.

8장

디지털 마케팅 전략의 성공 요소

디지털 마케팅의 개요와 최신 트렌드를 설명하고, 성공적인 디지털 마케팅 전략을 수립하는 요소들을 다룬다. 검색 엔진 최적화, 콘텐츠 마케팅, 이메일 마케팅 등의 기법을 소개하며, 구글의 디지털 마케팅 활용 전략을 통해 실제 적용 사례를 살펴본다.

01
디지털 마케팅의 개요 및 최신 트렌드

디지털 마케팅은 인터넷과 디지털 기술을 활용해 소비자와 소통하고, 제품과 서비스를 홍보하는 모든 마케팅 활동을 의미한다. 전통적인 마케팅(예 : TV 광고, 신문 광고)과는 달리, 디지털 마케팅은 온라인 플랫폼, 소셜 미디어, 이메일, 검색 엔진, 웹사이트 등을 통해 소비자와 직접적인 상호작용이 가능하다. 디지털 마케팅의 핵심은 다양한 온라인 채널을 활용해 소비자에게 맞춤형 메시지를 전달하고, 그들의 행동을 유도하는 데 있다.

디지털 마케팅의 개요

1. 디지털 마케팅의 장점
디지털 마케팅의 가장 큰 장점은 정확한 타겟팅과 효과 측정이 가능하다는 점이다. 예를 들어, 소셜 미디어 광고나 검색 광고를 사용하면 특정 나이, 성별, 관심사, 지역을 대상으로 광고를 전달할 수 있다. 또한, 얼마나 많은 사람이 광고를 봤는지, 클릭했는지, 구매로 이어졌는지 등의 데이터를 실시간으로 분석할 수 있어 마케팅 활동의 효과를 즉각적으로 평가하고 조정할 수 있다.

2. 주요 디지털 마케팅 채널

디지털 마케팅에는 다양한 채널이 있으며, 각 채널은 서로 다른 목적과 타깃 소비자층에 맞춰 사용된다.

- 검색 엔진 최적화(SEO) : 웹사이트가 구글과 같은 검색 엔진에서 상위에 노출되도록 최적화하는 과정으로, 사용자들이 특정 키워드를 검색할 때 자연스럽게 브랜드를 발견하도록 한다.
- 콘텐츠 마케팅 : 블로그, 동영상, 인포그래픽 등 유익하고 흥미로운 콘텐츠를 제작해 소비자에게 정보를 제공하고, 브랜드에 대한 긍정적인 인식을 형성한다.
- 이메일 마케팅 : 고객에게 맞춤형 이메일을 보내 신제품, 프로모션, 뉴스 등을 알리는 방법으로, 고객과의 관계를 강화하고 재구매를 유도한다.
- 소셜 미디어 마케팅 : 페이스북, 인스타그램, 틱톡 등 소셜 미디어 플랫폼을 통해 브랜드를 홍보하고, 소비자와 소통하며 관계

를 구축한다.
- 디지털 광고(PPC) : 구글 광고, 페이스북 광고 등 클릭당 비용(PPC) 광고를 통해 특정 타깃에게 브랜드 메시지를 전달하는 방식이다.

최신 디지털 마케팅 트렌드

1. 개인화된 마케팅(Personalization)

오늘날 소비자들은 자신에게 맞춤형으로 제공되는 메시지와 콘텐츠를 더 선호한다. 개인화된 마케팅은 소비자의 행동 데이터(예 : 구매 기록, 웹사이트 방문 기록)를 분석해, 그들의 취향과 관심사에 맞춘 콘텐츠와 광고를 제공하는 것이다. 예를 들어, 넷플릭스는 사용자의 시청 기록을 바탕으로 개인 맞춤형 영화와 시리즈를 추천하여 사용자 경험을 최적화한다.

2. 영상 콘텐츠의 중요성 증가

영상 콘텐츠는 가장 빠르게 성장하는 디지털 마케팅 트렌드 중 하나다. 유튜브, 틱톡, 인스타그램 릴스와 같은 플랫폼의 인기로 인해, 브랜드들은 짧고 흥미로운 영상 콘텐츠를 제작해 소비자들의 주의를 끌고, 브랜드 인지도를 높이고 있다. 영상은 시각적이고 감성적인 요소를 결합하여 브랜드 메시지를 효과적으로 전달하는 데 강력한 도구가 된다.

3. 인공지능(AI)과 머신러닝의 활용

인공지능(AI)과 머신러닝 기술은 디지털 마케팅을 더욱 정교하게 만들어주고 있다. AI는 소비자 데이터를 분석하여 그들의 행동 패턴을 예측하고, 이를 바탕으로 더욱 맞춤형 마케팅 전략을 세울 수 있도록 돕는다. 예를 들어, AI 기반 챗봇은 고객의 문의를 실시간으로 응답하고, 개인화된 제품 추천을 제공하여 고객 경험을 개선한다.

4. 음성 검색과 스마트 스피커의 활용 증가

음성 검색과 스마트 스피커(예 : 아마존 에코, 구글 홈)의 사용이 증가하면서, 기업들은 음성 검색에 최적화된 콘텐츠를 제공하는 데 주목하고 있다. 소비자들이 "가장 가까운 커피숍"과 같은 음성 검색을 할 때, 기업의 웹사이트가 검색 결과에 잘 노출되도록 콘텐츠와 키워드를 최적화해야 한다.

5. 소셜 커머스(Social Commerce)와 쇼핑 기능 강화

소셜 미디어 플랫폼이 단순한 소통 수단을 넘어, 쇼핑 기능을 강화하면서 소셜 커머스가 부상하고 있다. 예를 들어, 인스타그램과 페이스북은 사용자들이 앱을 벗어나지 않고 제품을 구매할 수 있도록 쇼핑 기능을 추가했다. 이로써 소비자들은 더욱 손쉽게 쇼핑을 하고,

브랜드는 직접 판매를 촉진할 수 있다.

6. 데이터 프라이버시와 투명성 강화

최근 소비자들의 데이터 프라이버시에 대한 관심이 증가하면서, 기업들은 데이터 수집과 사용에 대한 투명성을 강화해야 할 필요가 있다. 소비자들은 자신들의 데이터가 어떻게 사용되는지 알고 싶어 하며, 이에 따라 기업들은 데이터 사용에 대한 명확한 설명과 동의 과정을 제공하고 있다.

디지털 마케팅의 중요성

디지털 마케팅은 기업이 소비자와 직접 소통하고, 맞춤형 경험을 제공하며, 효과적으로 마케팅 성과를 측정할 수 있는 강력한 도구다. 최신 트렌드를 이해하고 활용하는 것은 디지털 환경에서 경쟁력을 유지하는 데 필수적이다. 기업은 디지털 마케팅의 다양한 채널과 전략을 효과적으로 사용하여 더 많은 고객에게 도달하고, 브랜드 가치를 강화하며, 지속적인 성장을 이룰 수 있다.

02

검색 엔진 최적화(SEO), 콘텐츠 마케팅, 이메일 마케팅

디지털 마케팅에는 여러 가지 전략이 있으며, 그중에서도 검색 엔진 최적화(SEO), 콘텐츠 마케팅, 이메일 마케팅은 소비자에게 다가가고, 관심을 끌며, 장기적인 관계를 구축하는 데 중요한 역할을 한다. 각 전략이 무엇을 의미하고, 어떻게 사용되는지에 대해 알아보자.

검색 엔진 최적화(SEO : Search Engine Optimization)
검색 엔진 최적화(SEO)는 구글과 같은 검색 엔진에서 특정 키워드로 검색했을 때, 웹사이트가 상위에 노출되도록 하는 방법이다. 예를 들어, 누군가가 "최고의 피자 가게"를 검색했을 때, 특정 피자 가게의 웹사이트가 검색 결과의 첫 번째 페이지에 나타나도록 하는 것이 SEO의 목표다.

1. SEO가 중요한 이유

대부분의 사람들은 검색 엔진을 통해 정보를 찾고, 첫 번째 페이지에 나타나는 결과를 더 신뢰하는 경향이 있다. 따라서 웹사이트가 검색 결과 상단에 노출되면 더 많은 방문자를 유치할 수 있고, 이는 매출 증가로 이어질 수 있다.

2. SEO 방법

- 적절한 키워드 사용 : 사람들이 자주 검색하는 키워드를 웹사이트 콘텐츠에 자연스럽게 포함시켜야 한다.
- 고품질 콘텐츠 제공 : 유익하고 관련성 높은 콘텐츠를 제공함으로써 검색 엔진이 해당 사이트를 신뢰하게 만든다.
- 웹사이트 최적화 : 빠른 로딩 속도, 모바일 친화적인 디자인, 사용하기 쉬운 인터페이스 등을 갖추어야 한다.
- 백링크 구축 : 다른 신뢰할 수 있는 사이트들이 해당 웹사이트를 링크하게 함으로써 검색 엔진의 신뢰도를 높일 수 있다.

콘텐츠 마케팅(Content Marketing)

콘텐츠 마케팅은 블로그 글, 동영상, 인포그래픽, 팟캐스트 등 다양한 형식의 콘텐츠를 제작해 소비자들에게 유익한 정보를 제공하고, 브랜드와의 관계를 강화하는 전략이다. 콘텐츠 마케팅의 핵심은 단순히 제품이나 서비스를 홍보하는 것이 아니라, 소비자들에게 가치를 제공하는 것이다.

1. 콘텐츠 마케팅의 중요성

좋은 콘텐츠는 소비자들의 관심을 끌고, 그들이 브랜드를 신뢰하고 좋아하게 만드는 중요한 요소다. 예를 들어, 특정 건강 식품 회사가 블로그를 통해 건강한 식습관에 대한 정보를 지속적으로 제공하면, 소비자들은 그 회사를 신뢰하게 되고, 자연스럽게 그 회사의 제품을 구매할 가능성이 높아진다.

2. 콘텐츠 마케팅 방법

- 블로그 글 작성 : 브랜드와 관련된 유익한 정보를 담은 블로그 글을 작성해 소비자들에게 가치를 제공할 수 있다.
- 동영상 콘텐츠 제작 : 유튜브나 인스타그램 같은 플랫폼에서 소비자들이 좋아할 만한 짧고 흥미로운 동영상을 제작해 공유할 수 있다.
- 소셜 미디어 콘텐츠 : 소셜 미디어를 통해 제품 사용법, 소비자 후기, 이벤트 정보를 제공하며 소비자와의 관계를 강화할 수 있다.
- 전자책과 가이드 : 특정 주제에 대한 깊이 있는 정보를 제공하는 전자책이나 가이드를 무료로 제공해, 소비자들이 브랜드에 대한 신뢰를 쌓도록 할 수 있다.

이메일 마케팅(Email Marketing)

이메일 마케팅은 소비자에게 이메일을 보내 신제품 출시, 할인 행사, 뉴스레터, 특별 이벤트 등을 알리는 전략이다. 이메일 마케팅은 직접 소비자와 소통할 수 있는 효과적인 방법으로, 특히 기존 고객과의 관계를 강화하고 재구매를 유도하는 데 매우 유용하다.

1. 이메일 마케팅의 중요성

이메일 마케팅은 소비자들에게 개인화된 메시지를 전달할 수 있는 좋은 방법이다. 이메일은 많은 사람들이 여전히 중요한 소통 수단으로 사용하고 있으며, 잘 만들어진 이메일은 소비자들이 열어보고 클릭할 가능성이 높다.

2. 이메일 마케팅 방법

- 맞춤형 이메일 보내기 : 소비자의 행동과 관심사를 분석해 맞춤형 콘텐츠와 혜택을 제공할 수 있다. 예를 들어, 특정 제품을 구매한 고객에게 관련 제품의 추천 이메일을 보낼 수 있다.
- 자동화된 이메일 캠페인 : 고객이 웹사이트에 가입하거나, 특정 제품을 장바구니에 담았지만 구매하지 않은 경우, 자동화된 이메일을 보내 고객이 다시 구매를 고려하게 할 수 있다.
- 이메일 리스트 관리 : 지속적으로 이메일 구독자를 관리하고, 구독 해지 요청을 즉각 반영해 소비자들에게 좋은 인상을 줄

수 있다.
- 명확한 콜 투 액션(CTA) : 이메일에서 무엇을 원하는지 명확하게 알려주는 버튼이나 링크를 포함해, 소비자가 쉽게 행동을 취할 수 있도록 도와야 한다.

디지털 마케팅 전략의 성공 요소

검색 엔진 최적화(SEO), 콘텐츠 마케팅, 이메일 마케팅은 각각의 특성과 강점을 가지고 있으며, 함께 사용하면 시너지를 발휘할 수 있다. SEO는 사람들이 브랜드를 더 쉽게 찾을 수 있게 도와주고, 콘텐츠 마케팅은 소비자들에게 가치를 제공하며 브랜드를 신뢰하게 만들고, 이메일 마케팅은 직접적인 소통을 통해 소비자와의 관계를 강화하고 재구매를 유도할 수 있다.

이 세 가지 전략을 효과적으로 사용하면, 기업은 더 많은 고객에게 도달하고, 더 깊은 관계를 구축하며, 장기적으로 성장할 수 있는 강력한 기반을 마련할 수 있다.

마케팅 사례

구글(Google)의 디지털 마케팅 활용 전략

구글(Google)은 전 세계에서 가장 큰 검색 엔진이자 디지털 광고 시장의 선두주자로, 다양한 디지털 마케팅 전략을 활용해 성공을 거두고 있다. 구글은 자체적으로 검색 엔진 광고, 디스플레이 광고, 유튜브 광고, 데이터 분석 도구 등을 통해 다양한 방식으로 소비자와 소통하고, 비즈니스에 필요한 디지털 마케팅을 제공하고 있다.

구글이 어떻게 디지털 마케팅을 효과적으로 활용하여 성공을 거두었는지, 그 전략을 이해하기 쉽게 살펴보자.

구글의 디지털 마케팅 활용 전략

1. 검색 엔진 광고(Google Ads)
구글의 가장 강력한 마케팅 도구는 바로 검색 엔진 광고(Google Ads)다. 구글은 전 세계에서 가장 많이 사용되는 검색 엔진으로, 사용자들이 특정 키워드를 검색할 때 연관된 광고를 검색 결과 페이지에 노출시킨다. 광고주는 클릭당 비용(CPC) 방식으로 지불하며, 광고가 클릭될 때만 비용을 지불한다.

이 전략의 장점은 광고가 소비자의 검색 의도에 맞춰 매우 타겟팅된 방식으로 노출된다는 점이다. 예를 들어, 사용자가 "스포츠 신발"을 검색하면, 구글은 관련 광고를 상단에 노출시켜 해당 제품을 찾고 있는 소비자와 광고주를 효과적으로 연결해준다.

2. 디스플레이 광고와 리타겟팅(Display Ads and Retargeting)

구글은 수많은 웹사이트와 제휴를 맺어, 그들의 네트워크를 통해 디스플레이 광고를 제공한다. 디스플레이 광고는 이미지나 배너 형태로 다양한 웹사이트에 노출되며, 소비자가 특정 웹사이트를 방문할 때 관련 광고가 보여진다. 이 광고는 소비자의 관심사를 기반으로 타겟팅되어, 효과적으로 브랜드 인지도를 높이는 데 기여한다.

리타겟팅은 이전에 브랜드 웹사이트를 방문했지만 구매하지 않은 소비자에게 반복적으로 광고를 보여주는 전략이다. 예를 들어, 한 사용자가 구글을 통해 특정 쇼핑몰에서 신발을 보고 나갔다면, 그 사용자가 다른 웹사이트를 방문할 때 신발 광고가 계속해서 나타나게 되는 것이다. 이를 통해 소비자가 다시 방문하고 구매를 고려하게 만든다.

3. 유튜브 광고(YouTube Ads)

구글은 유튜브(YouTube)를 인수한 이후, 유튜브를 강력한 광고 플랫폼으로 활용하고 있다. 유튜브는 세계 최대의 동영상 플랫폼으로, 매일 수억 명의 사용자가 동영상을 시청하며, 다양한 유형의 광고(예 : 스킵 가능한 광고, 비디오 전환 광고)를 통해 브랜드를 홍보한다.

유튜브 광고의 장점은 시각적이고 감성적인 요소를 통해 소비자의 주목을 끌 수 있다는 것이다. 브랜드는 창의적인 영상 콘텐츠를 활용해 소비자들에게 강한 인상을 남기고, 브랜드 메시지를 효과적으로 전달할 수 있다.

4. 구글 애널리틱스(Google Analytics)와 데이터 기반 마케팅

구글은 구글 애널리틱스(Google Analytics)라는 강력한 데이터 분석 도구를 제공하여, 기업들이 웹사이트와 캠페인의 성과를 측정하고 최적화할 수 있도록 돕는다. 이 도구는 방문자 수, 방문 경로, 체류 시간, 전환율 등을 상세하게 분석해, 마케팅 전략을 개선할 수 있는 인사이트를 제공한다.

구글은 데이터를 통해 고객 행동을 이해하고, 개인화된 마케팅 전략을 세울 수 있도록 지원한다. 예를 들어, 특정 제품의 페이지에 많은 트래픽이 몰리지만 구매로 이어지지 않는 경우, 구글 애널리틱스를 통해 문제를 식별하고, 페이지 디자인이나 메시지를 수정하여 전환율을 높일 수 있다.

5. 위치 기반 마케팅(Location-Based Marketing)

구글은 GPS 데이터를 활용해 위치 기반 마케팅을 제공한다. 구글 지도(Google Maps)와 연동해, 사용자가 특정 지역에 있을 때 근처의 매장이나 서비스를 추천하는 광고를 노출한다. 예를 들어, 사용자가 "근처 카페"를 검색하면, 구글은 사용자 위치와 가장 가까운 카페를 지도상에 표시하고, 관련 광고를 보여준다.

이 전략은 특히 지역 비즈니스에 효과적이며, 소비자들이 현재 있는 위치에서 필요한 서비스를 빠르게 찾을 수 있도록 돕는다.

구글의 디지털 마케팅 전략의 성공 요인

1. 방대한 사용자 데이터 활용 : 구글은 전 세계 사용자들의 검색 데이터와 행동 패턴을 분석하여, 매우 정교한 타겟팅을 가능하게 한다.
2. 다양한 광고 플랫폼 제공 : 구글은 검색 광고, 디스플레이 광고, 유튜브 광고 등 다양한 플랫폼을 통해 다각적인 마케팅 접근이 가능하다.
3. 효과적인 데이터 분석 도구 제공 : 구글 애널리틱스와 같은 도구를 통해 기업들이 마케팅 성과를 실시간으로 분석하고 최적화할 수 있도록 돕는다.
4. 맞춤형 경험 제공 : 개인화된 광고와 메시지를 통해 소비자들에

게 더 관련성 높은 경험을 제공하고, 참여도를 높인다.

구글의 디지털 마케팅 활용 전략의 교훈
구글의 사례는 데이터와 기술을 기반으로 한 디지털 마케팅이 얼마나 강력한지 보여준다. 구글은 방대한 데이터를 활용하여 소비자 행동을 이해하고, 다양한 채널을 통해 맞춤형 경험을 제공함으로써 소비자와의 관계를 강화한다. 이러한 전략은 구글을 디지털 광고 시장의 선두주자로 만들었고, 다른 기업들이 디지털 마케팅을 통해 성공을 거두기 위한 중요한 교훈을 제공한다.

9장

고객 경험(CX) 극대화하기

고객 경험의 중요성을 설명하고, 이를 효과적으로 관리하고 개선하는 방법을 다룬다. 고객과의 모든 접점에서 긍정적인 경험을 제공하는 것이 브랜드 충성도와 매출로 어떻게 연결되는지를 논의하며, 스타벅스의 고객 경험 전략 사례를 통해 배운다.

01
고객 경험의 중요성과 관리 방법

고객 경험(Customer Experience, CX)은 고객이 제품이나 서비스를 처음 접한 순간부터 구매, 사용, 사후 서비스까지 모든 과정에서 느끼는 인식과 감정을 말한다. 고객 경험은 단순히 제품의 품질이나 가격에 국한되지 않고, 고객이 브랜드와 상호작용하는 모든 접점에서 느끼는 종합적인 인상을 포함한다.

고객 경험을 잘 관리하는 것이 중요한 이유는, 긍정적인 경험을 통해 고객을 만족시키고 충성 고객으로 만들 수 있기 때문이다.

고객 경험의 중요성

1. 고객의 재구매와 충성도 강화

긍정적인 고객 경험은 고객이 브랜드를 다시 선택하도록 만든다.

예를 들어, 한 고객이 온라인 쇼핑몰에서 빠르고 쉬운 구매 과정을 경험하고, 제품이 신속하게 배송되었으며, 만족스러운 사후 서비스를 받았다면, 그 고객은 동일한 쇼핑몰을 다시 이용할 가능성이 높아진다. 이를 통해 기업은 충성 고객을 확보할 수 있고, 충성 고객은 일반적으로 더 많은 구매를 하고, 브랜드를 주변 사람들에게 추천하는 경향이 있다.

2. 입소문 마케팅과 평판 관리

만족한 고객은 자신이 좋은 경험을 했던 브랜드를 친구나 가족에게 추천하고, 소셜 미디어나 온라인 리뷰에 긍정적인 평가를 남기기도 한다. 이러한 입소문은 새로운 고객을 유치하는 데 강력한 영향을 미친다. 반면, 나쁜 경험을 한 고객은 부정적인 리뷰나 불만을 공유할 가능성이 높아, 브랜드의 평판을 떨어뜨릴 수 있다. 따라서 고객 경험을 잘 관리하는 것은 긍정적인 입소문을 유도하고, 브랜드 평판을 유지하는 데 필수적이다.

3. 경쟁 우위 확보

오늘날의 소비자들은 제품이나 서비스의 품질뿐만 아니라, 그와 관련된 전체 경험을 중요하게 생각한다. 경쟁이 치열한 시장에서는 고객 경험이 제품이나 서비스 자체보다 더 중요한 차별화 요소가 될 수 있다. 예를 들어, 여러 은행이 비슷한 금융 상품을 제공하더라도,

고객이 은행 웹사이트에서 쉽게 거래하고, 모바일 앱에서 신속하게 서비스를 받을 수 있다면 그 은행을 선택하게 된다.

고객 경험을 관리하는 방법

1. 고객 피드백 수집과 분석

고객 경험을 개선하려면 먼저 고객이 브랜드와의 상호작용에서 어떤 점을 긍정적으로 또는 부정적으로 경험했는지 이해해야 한다. 이를 위해 설문 조사, 리뷰, 소셜 미디어 모니터링 등을 통해 고객의 피드백을 수집하고 분석하는 것이 중요하다. 이를 통해 고객이 만족하는 부분과 개선이 필요한 부분을 파악할 수 있다.

스타벅스는 고객에게 구매 후 설문 조사를 요청해 매장 경험에 대한 피드백을 수집한다. 이러한 피드백을 분석해 매장 서비스와 제품 품질을 지속적으로 개선하고 있다.

2. 일관된 서비스 제공

고객이 어디서, 언제, 어떻게 브랜드와 상호작용하든지 일관된 경험을 제공하는 것이 중요하다. 이는 고객이 어떤 채널(매장, 웹사이트, 모바일 앱 등)을 이용하더라도 동일한 수준의 서비스와 지원을 받을 수 있도록 보장하는 것이다.

애플은 매장, 온라인 스토어, 고객 지원 센터에서 일관된 서비스 경험을 제공한다. 고객이 애플 제품을 어디서 구매하든지 동일한 수준의 지원과 서비스를 받을 수 있다.

3. 맞춤형 경험 제공

고객의 선호와 행동을 이해하고, 이를 바탕으로 개인화된 경험을 제공하는 것이 중요하다. 맞춤형 이메일, 추천 상품, 개인화된 서비스 등을 통해 고객에게 더욱 만족스러운 경험을 제공할 수 있다.

넷플릭스는 고객의 시청 기록과 선호도를 분석해 개인 맞춤형 영화와 TV 프로그램을 추천한다. 이를 통해 고객들은 자신이 좋아할 만한 콘텐츠를 쉽게 찾을 수 있어, 만족도가 높아진다.

4. 신속하고 효과적인 문제 해결

고객이 불편함을 느꼈을 때 신속하고 효과적으로 문제를 해결하는 것이 중요하다. 고객 지원 팀이 빠르게 대응하고, 문제를 해결하며, 고객이 다시 긍정적인 경험을 할 수 있도록 돕는 것이 필요하다.

아마존은 문제가 발생했을 때, 고객 지원팀이 신속하게 대응하고, 환불이나 교환 절차를 간편하게 처리해 고객 만족도를 높인다.

5. 고객 여정(Customer Journey) 지도화

고객이 브랜드와 상호작용하는 모든 접점을 시각화한 고객 여정 지도를 만들어, 고객의 경험을 총체적으로 이해하는 것이 중요하다.

이를 통해 각 단계에서 고객이 어떤 경험을 하는지, 개선할 점은 무엇인지 파악할 수 있다.

고객 경험 관리의 중요성

고객 경험은 단순히 제품이나 서비스의 품질을 넘어서, 고객이 브랜드와의 모든 접점에서 어떤 감정과 인식을 가지게 되는지를 의미한다. 고객 경험을 잘 관리하면 고객 만족도를 높이고, 충성 고객을 만들며, 긍정적인 입소문을 유도할 수 있다. 이는 곧 매출 증가와 장기적인 성장으로 이어질 수 있다. 따라서 기업은 고객의 목소리에 귀 기울이고, 일관되고 맞춤형이며 신속한 서비스를 제공하여 고객 경험을 극대화해야 한다.

고객 피드백을 통한 개선과 혁신

고객 피드백은 제품이나 서비스의 품질 개선과 고객 경험 향상을 위한 중요한 자산이다. 소비자의 실제 경험과 의견을 반영하여 잘된 점과 개선이 필요한 부분을 파악할 수 있다. 이를 통해 기업은 고객 기대에 부응하고 혁신을 도모할 수 있다.

고객 피드백이 왜 중요한지, 그리고 이를 통해 기업이 어떻게 개선과 혁신을 이룰 수 있는지 알아보자.

고객 피드백의 중요성

1. 고객의 실제 의견과 요구 파악

고객 피드백은 고객이 제품이나 서비스에서 무엇을 기대하는지, 어떤 부분을 개선해주기를 원하는지를 직접적으로 알려준다. 이를 통해 기업은 소비자들이 실제로 원하는 것이 무엇인지 정확히 이해할 수 있다. 예를 들어, 레스토랑에서 음식이 너무 짜다는 피드백이 많이 들어오면, 레시피를 조정해 소비자 취향에 맞는 맛을 제공할 수 있다.

2. 문제 해결과 고객 만족도 향상

고객 피드백을 통해 제품이나 서비스에서 발생하는 문제를 빠르게 파악하고 해결할 수 있다. 소비자가 불만족을 느끼는 부분을 즉각적으로 개선함으로써, 고객 만족도를 높이고 부정적인 경험을 긍정적으로 전환할 수 있다. 이처럼 빠른 문제 해결은 고객이 기업에 대한 신뢰를 갖게 하고, 재구매 의향을 높이는 데 큰 도움이 된다.

3. 혁신적인 아이디어 도출

고객 피드백은 기업이 새로운 아이디어를 얻고, 제품이나 서비스에 혁신을 더하는 데 중요한 역할을 한다. 고객은 종종 기업이 생각지 못한 창의적인 아이디어를 제공하며, 이를 통해 새로운 제품 기능이나 개선점을 도출할 수 있다. 예를 들어, 스마트폰 제조사가 고객 피드백을 통해 사용자가 원하는 기능을 발견하고, 이를 반영해 새로운 모델을 출시할 수 있다.

고객 피드백을 통한 개선과 혁신 방법

1. 피드백 수집 채널 다양화

고객 피드백을 효과적으로 수집하기 위해서는 여러 가지 채널을 활용해야 한다. 예를 들어, 온라인 리뷰, 소셜 미디어, 설문조사, 고객센터 전화 응대 등 다양한 방법을 통해 피드백을 받을 수 있다. 이렇게 여러 채널을 통해 피드백을 수집하면, 고객의 다양한 목소리를 듣고 더 포괄적인 관점을 가질 수 있다.

우버(Uber)는 앱을 통해 고객이 매번 탑승 후 운전기사에 대한 평가와 의견을 남길 수 있게 한다. 이러한 피드백은 우버가 서비스의 질을 유지하고, 문제를 신속히 해결하는 데 중요한 자료로 활용된다.

2. 피드백 분석과 인사이트 도출

단순히 피드백을 수집하는 것만으로는 충분하지 않다. 수집된 피드백을 체계적으로 분석하여, 어떤 문제가 자주 발생하는지, 어떤 개선이 필요한지를 파악해야 한다. 이를 위해 데이터 분석 도구를 활용해 피드백을 카테고리화하고, 패턴을 찾아내는 것이 중요하다.

아마존은 수많은 고객 리뷰를 분석해, 특정 제품에 대한 긍정적 혹은 부정적 트렌드를 파악하고, 이를 통해 제품 개선이나 판매 전략을 조정한다.

3. 신속한 대응과 커뮤니케이션

고객이 피드백을 제공했을 때, 그에 대한 빠른 대응과 피드백을 기반으로 한 조치를 취하는 것이 중요하다. 이를 통해 고객은 자신의 의견이 존중받고 있으며, 기업이 적극적으로 개선하려 한다는 인상을 받는다.

델타 항공(Delta Airlines)은 고객이 소셜 미디어에 남긴 불만 사항에 신속하게 대응하는 것으로 유명하다. 고객이 트위터에 불편 사항을 제기하면, 델타는 즉각적으로 대응하고 문제를 해결하려는 노력을 보여준다.

4. 피드백을 반영한 제품 및 서비스 개선

고객 피드백을 바탕으로 실제로 제품이나 서비스를 개선하는 것이 중요하다. 이를 통해 고객은 자신의 의견이 실제 변화로 이어졌다는 것을 느끼게 되고, 브랜드에 대한 충성도가 높아진다.

스타벅스는 고객의 아이디어와 피드백을 바탕으로 제품과 서비스를 개선하는 'My Starbucks Idea' 프로그램을 운영했다. 고객이 제안한 아이디어 중 다수는 실제로 메뉴에 반영되었고, 이는 고객들이 자신의 목소리가 실질적인 변화를 이끌어냈다고 느끼게 하였다.

5. 지속적인 피드백 루프 유지

피드백은 일회성이 아니라 지속적으로 이루어져야 한다. 고객과의 피드백 루프를 유지하며, 정기적으로 의견을 묻고, 이를 기반으로 개선 사항을 반영하는 것이 중요하다. 이를 통해 고객은 계속해서 기업과 소통하고, 변화에 참여하고 있다고 느끼게 된다.

고객 피드백을 통한 개선과 혁신의 중요성

고객 피드백은 제품과 서비스의 품질을 높이고, 혁신적인 변화를 이끌어내는 중요한 원천이다. 피드백을 적극적으로 수집하고, 이를 기반으로 문제를 해결하며, 새로운 아이디어를 반영함으로써 기업은 고객 만족도를 높이고 시장에서 경쟁 우위를 확보할 수 있다. 기업이 고객의 목소리에 귀 기울이고, 이를 반영하는 노력을 기울일 때, 고객 경험이 개선되고, 장기적인 성장이 가능해진다.

마케팅 사례

스타벅스(Starbucks)의 고객 경험 전략

스타벅스(Starbucks)는 전 세계에서 가장 성공적인 커피 브랜드 중 하나로, 그 비결 중 하나는 바로 탁월한 고객 경험 전략에 있다. 스타벅스는 단순히 커피를 판매하는 데 그치지 않고, 고객에게 특별하고 기억에 남는 경험을 제공하기 위해 다양한 방법을 사용하고 있다. 이를 통해 스타벅스는 많은 소비자들이 단골이 되고, 브랜드에 대한 높은 충성도를 갖게 만들었다.

스타벅스가 어떻게 고객 경험을 극대화하기 위해 전략을 활용했는지, 그 주요 요소들을 알아보자.

스타벅스의 고객 경험 전략

1. 매장 환경의 차별화

스타벅스는 매장을 단순한 커피 판매 공간이 아니라, 편안한 휴식과 만남의 장소로 만들었다. 매장의 인테리어는 따뜻하고 아늑한 분위기를 조성하여 고객이 편안하게 머물며 대화를 나눌 수 있도록 설계되었다. 또한, 고객들이 자유롭게 인터넷을 사용할 수 있도록 무료 와이파이(Wi-Fi)를 제공하며, 매장 내에서 편안하게 공부하거나 일을 할 수 있는 환경을 조성했다.

스타벅스 매장은 따뜻한 조명, 편안한 의자, 음악 등을 통해 고객이 마치 집에 있는 것처럼 느끼도록 한다. 이로 인해 고객들은 커피를 마시는 것뿐만 아니라, 친구와 만나거나, 일을 하거나, 책을 읽으며 시간을 보내는 장소로 스타벅스를 선택하게 된다.

2. 개인 맞춤형 서비스 제공

스타벅스는 고객 개개인의 취향에 맞춘 맞춤형 서비스를 제공한다. 고객은 커피 종류, 우유 종류, 샷 개수, 시럽 등을 자유롭게 선택할 수 있어 자신만의 특별한 커피를 주문할 수 있다. 바리스타는 고객의 요청에 따라 커피를 맞춤 제작하며, 예를 들어 두유로 변경하거나 시럽을 추가하는 등의 주문을 반영한다. 이러한 맞춤형 서비스는 고객에게 개인화된 경험을 제공하고, 특별한 대우를 받는 느낌을 준다. 고객의 다양한 요구를 수용함으로써 만족도를 높이는 것이 스타벅스의 전략이다.

3. 스타벅스 리워드 프로그램

스타벅스는 충성 고객을 확보하기 위해 리워드 프로그램을 운영하며, 매장에서 커피를 구매할 때마다 포인트를 적립해준다. 적립된 포인트는 무료 음료나 디저트를 받을 수 있는 혜택으로 사용 가능하다. 이 프로그램은 고객의 방문 빈도를 높이고 충성도를 강화한다. 고객들은 모바일 앱을 통해 포인트를 쉽게 확인하고, 프로모션이나 특별 혜택을 받을 수 있다. 앱의 사용자 친화적인 인터페이스는 고객들이 자주 사용하도록 유도한다.

4. 고객 피드백을 통한 지속적인 개선

스타벅스는 고객 피드백을 적극적으로 수집하고, 이를 바탕으로 매장 경험과 제품을 지속적으로 개선한다. 고객이 매장을 방문한 후, 설문조사를 통해 경험에 대한 피드백을 받으며, 고객의 의견을 반영해 서비스를 개선하고 있다. 이를 통해 고객은 자신이 중요하게 여겨지는 느낌을 받고, 스타벅스와 긍정적인 관계를 유지하게 된다.

스타벅스는 과거에 'My Starbucks Idea'라는 프로그램을 통해 고객이 제안한 아이디어를 적극 수렴하고, 실제 제품 개발과 서비스 개선에 반영했다. 이 프로그램은 고객의 목소리를 존중하고, 참여를 장려하여 브랜드에 대한 긍정적인 인식을 높였다.

5. 일관된 브랜드 경험 제공

스타벅스는 전 세계 모든 매장에서 일관된 브랜드 경험을 제공하여, 어디서든 동일한 수준의 서비스와 품질을 유지하는 것을 목표로 한다. 이를 통해 고객은 언제 어디서나 동일한 기대를 가지고 매장을 방문할 수 있다. 매장 내 고객 응대, 음료 제조 과정, 청결 기준 등을 일관되게 유지하여, 전 세계에서 같은 수준의 경험을 보장한다.

스타벅스의 고객 경험 전략이 주는 교훈

스타벅스는 고객이 단순히 커피를 구매하는 것이 아니라, 매장에서 즐거운 시간을 보내고, 자신만의 음료를 선택하며, 브랜드와의 관계를 강화할 수 있도록 다양한 경험을 제공하고 있다. 이러한 전략은 고객이 스타벅스를 일상 속에서 친근한 브랜드로 느끼도록 만들고, 높은 충성도와 재방문율을 이끌어낸다. 스타벅스의 사례는 고객 경험을 극대화하는 것이 장기적인 성공과 성장을 위한 핵심 요소임을 잘 보여준다.

10장

지역별 마케팅과 글로벌 전략

지역별로 차별화된 마케팅 전략이 왜 필요한지를 설명하고, 글로벌 브랜드들이 각 지역에 맞춰 전략을 조정하는 방법을 소개한다. 맥도날드의 현지화 마케팅 전략 사례를 통해 글로벌 브랜드가 각 지역에서 성공을 거두는 방법을 보여준다.

01
지역별 마케팅 전략의 차별화

지역별 마케팅 전략의 차별화는 기업이 각 지역의 고유한 문화, 소비자 선호도, 경제적 상황을 고려하여 그 지역에 맞춘 맞춤형 마케팅 전략을 수립하는 것을 의미한다. 같은 제품이나 서비스를 제공하더라도, 각 지역의 특성과 소비자 성향에 따라 마케팅 방식과 메시지를 다르게 구성함으로써 더 효과적인 결과를 얻을 수 있다.

지역별 마케팅 전략이 왜 중요한지, 그리고 이를 어떻게 차별화할 수 있는지 알아보자.

지역별 마케팅 전략의 중요성

1. 문화적 차이를 반영한 접근

전 세계의 소비자들은 각기 다른 문화와 가치관을 가지고 있다.

특정 국가나 지역에서 성공적인 마케팅 전략이 다른 지역에서는 효과가 없을 수 있다. 예를 들어, 어떤 나라에서는 가격을 강조하는 광고가 효과적일 수 있지만, 다른 나라에서는 품질이나 브랜드의 가치를 강조하는 광고가 더 효과적일 수 있다.

KFC는 각 나라의 식문화와 소비자 선호도를 반영하여 메뉴를 현지화한다. 중국에서는 현지 소비자들의 입맛에 맞춰 매운맛의 '핫윙' 메뉴를 추가하고, 중국 전통 음식인 '마라탕' 스타일의 소스를 활용한 치킨 메뉴를 개발했다. 또한, 인도에서는 힌두교와 이슬람교의 전통을 존중해 소고기와 돼지고기 메뉴를 피하고, 대신 채식주의자들을 위한 다양한 채식 메뉴를 제공한다. 이러한 현지화 전략 덕분에 KFC는 중국과 인도 시장에서 큰 성공을 거두고 있다.

2. 지역 경제와 소비 수준에 맞춘 전략

각 지역의 경제적 상황과 소비 수준에 따라 마케팅 전략을 조정하는 것이 중요하다. 일부 지역에서는 고가의 프리미엄 제품이 인기를 끌 수 있지만, 다른 지역에서는 합리적인 가격대의 제품이 더 매력적일 수 있다. 이를 고려하여 적절한 가격 책정, 프로모션, 유통 전략을 구성해야 한다.

이케아는 각 지역의 경제적 수준을 고려해 가격 전략을 차별화한다. 이케아는 인도 시장에 진출할 때, 현지 소비자들이 부담 없이 구매할 수 있도록 주요 제품의 가격을 현지에 맞춰 낮추고, 상대적으로 저렴한 조립형 가구를 강조하는 전략을 채택했다.

3. 소비자 행동과 선호도에 기반한 맞춤형 메시지

지역별로 소비자들의 행동과 선호도는 다를 수 있다. 어떤 지역의 소비자들은 건강과 웰빙을 중요하게 생각할 수 있고, 다른 지역의 소비자들은 편리함이나 혁신적인 기술을 더 중요하게 여길 수 있다. 기업은 이러한 차이를 파악하고, 해당 지역 소비자들에게 가장 적합한 메시지를 전달해야 한다.

코카콜라는 같은 브랜드 메시지를 전 세계적으로 유지하면서도, 각 지역의 문화적 특성과 감성을 고려해 광고를 현지화한다. 예를 들어, 미국에서는 '여름과 함께 즐기는 코카콜라'를 강조하는 광고를, 중동 지역에서는 가족과의 연대감을 강조하는 광고를 통해 각각의 지역 소비자들에게 더 적합한 메시지를 전달한다.

지역별 마케팅 전략을 차별화하는 방법

1. 현지 시장 조사와 소비자 이해

먼저, 각 지역의 소비자 행동, 문화적 특성, 경제 상황을 철저히 조사하고 이해해야 한다. 이는 소비자의 선호도, 구매 패턴, 생활양식 등을 파악하고, 이를 바탕으로 그 지역에 적합한 마케팅 전략을 수립하는 데 중요한 역할을 한다.

넷플릭스는 각 지역의 문화와 시청자들의 콘텐츠 선호도를 분석해 현지화된 콘텐츠를 제공하는 전략을 사용한다. 예를 들어, 우리나라에서는 한류 드라마와 K-콘텐츠의 인기를 반영하여 '오징어 게임', '킹덤', '지옥' 같은 한국 오리지널 시리즈를 제작해 큰 성공을 거두었다. 인도 시장에서는 인도 문화와 영화 스타일을 반영한 오리지널 콘텐츠를 제작하여 현지 시청자들의 관심을 끌었다. 넷플릭스는 이러한 현지화된 콘텐츠 전략을 통해 각국의 다양한 시청자들에게 맞춤형 콘텐츠를 제공하고, 글로벌 시장에서의 입지를 강화하고 있다.

2. 현지 파트너와의 협력

현지 파트너와의 협력을 통해 지역 시장에 대한 이해를 높이고, 보다 신속하고 효율적으로 마케팅 전략을 실행할 수 있다. 현지 파트너는 그 지역의 문화, 규제, 소비자 행동에 대한 깊은 지식을 가지고 있어, 현지화 전략을 성공적으로 수행하는 데 큰 도움이 된다.

유니클로는 해외 시장에 진출할 때, 현지 유통 파트너와 협력하여 매장 운영, 고객 서비스, 제품 공급망을 구축하고, 현지 소비자의 요구에 부응하는 마케팅 전략을 수립한다.

3. 언어와 문화적 감수성 고려

각 지역의 언어와 문화적 감수성을 고려하여 마케팅 메시지를 현지화하는 것이 중요하다. 현지 언어로 된 광고나 메시지는 소비자에게 친근감을 주고, 문화적 이해를 반영한 콘텐츠는 소비자들이 브랜드에 더 쉽게 공감하도록 만든다.

애플은 각국의 주요 언어로 광고를 제작하고, 해당 지역의 문화적 특성을 반영하여 캠페인을 현지화한다. 이는 소비자들이 애플의 제품을 더 친근하게 느끼도록 하고, 브랜드에 대한 충성도를 높인다.

4. 현지화된 제품과 서비스 제공

제품과 서비스 자체를 현지 소비자들의 필요와 기대에 맞게 조정하는 것도 효과적인 방법이다. 예를 들어, 기후, 생활양식, 종교적 신념 등을 고려하여 제품을 조정하거나 새로운 기능을 추가할 수 있다.

삼성전자는 인도 시장에 맞춰 '쿨링 온 디멘드' 기능이 있는 냉장고를 출시했다. 이 기능은 현지의 고온 기후 조건을 고려한 맞춤형 제품으로, 소비자들의 큰 호응을 얻었다.

지역별 마케팅 전략의 차별화가 주는 교훈

지역별 마케팅 전략의 차별화는 단순히 제품을 판매하는 것이 아니라, 각 지역 소비자들이 브랜드와 정서적으로 연결되고, 그들의 필요와 기대에 맞는 경험을 제공하는 것이다. 이를 통해 기업은 지역 시장에서 더 깊은 신뢰를 얻고, 경쟁 우위를 확보할 수 있다. 글로벌 시장에서 성공하기 위해서는 각 지역의 특성과 문화적 차이를 이해하고, 이를 반영한 맞춤형 전략을 실행하는 것이 필수적이다.

글로벌 브랜드의 현지화 전략

글로벌 브랜드의 현지화 전략은 전 세계적으로 통일된 브랜드 이미지를 유지하면서도, 각 지역의 문화적 특성과 소비자 요구에 맞게 제품, 서비스, 마케팅 방식을 조정하는 것을 의미한다. 이를 통해 브랜드는 글로벌 시장에서 일관된 인지도를 유지하면서도, 각 지역에서의 경쟁력을 강화할 수 있다.

글로벌 브랜드가 왜 현지화 전략을 사용하는지, 그리고 이를 어떻게 효과적으로 실행하는지 알아보자.

글로벌 브랜드가 현지화 전략을 사용하는 이유

1. 지역 소비자의 다양성과 요구에 대응

전 세계 소비자들은 문화적 배경, 언어, 생활양식, 경제적 상황 등이 다르기 때문에, 글로벌 브랜드가 성공적으로 확장하기 위해서는 현지 소비자의 다양한 요구와 기대에 부응해야 한다. 예를 들어, 동일한 제품이라도 각 지역 소비자들의 선호도와 기대가 다르므로, 현지에 맞춘 제품 변화와 마케팅이 필요하다.

2. 글로벌 경쟁력 유지와 지역 시장 확장

글로벌 브랜드가 새로운 지역 시장에 진출할 때, 기존의 지역 브랜드와 경쟁해야 한다. 이때 현지화 전략을 통해 지역 소비자들의 신뢰를 얻고, 친밀감을 형성하면, 지역 시장에서 더 빠르게 자리 잡고 경쟁력을 확보할 수 있다.

글로벌 브랜드의 현지화 전략 방법

1. 제품 현지화

글로벌 브랜드는 각 지역의 문화적 특성과 소비자 취향에 맞춰 제품을 조정한다. 이를 통해 지역 소비자들이 브랜드를 더 친숙하고 매력적으로 느끼도록 한다.

도미노 피자는 각국의 식문화와 소비자 취향을 반영해 현지화된 메뉴를 제공한다. 인도에서는 '피자 마하라자'와 같은 인도식 양념을 사용한 피자를 출시하고, 채식주의자들을 위한 다양한 채식 옵션을 추가했다. 우리나라 불고기 피자와 고구마 무스 토핑을 포함한 현지화된 피자 메뉴를 제공한다. 이를 통해 도미노 피자는 전 세계 다양한 시장에서 성공적으로 자리 잡고 있다.

2. 마케팅 메시지와 광고의 현지화

글로벌 브랜드는 현지 소비자들에게 공감할 수 있는 마케팅 메시지를 만들기 위해 광고 캠페인을 현지화한다. 이를 통해 브랜드의 글로벌 이미지를 유지하면서도, 지역 소비자들과 정서적 연결을 강화할 수 있다.

나이키는 전 세계적으로 "Just Do It"이라는 슬로건을 사용하면서도, 각 지역의 스포츠 문화와 소비자 정서에 맞춘 광고를 제작한다. 예를 들어, 중국에서는 농구와 마라톤 같은 스포츠를 강조하며, 중국 내 유명 선수들을 광고 모델로 기용한다. 우리나라에서는 유명 운동선수들과 협력해 지역 소비자들이 더 쉽게 공감할 수 있는 광고를 만든다.

3. 현시 파드니와의 협력

글로벌 브랜드가 현지 시장에서 성공적으로 자리 잡기 위해서는 현지 파트너와의 협력이 중요하다. 현지 파트너는 해당 시장의 소비자 행동, 문화적 특성, 법규 등을 깊이 이해하고 있으므로, 이들의 도움을 받아 현지화 전략을 실행할 수 있다.

월마트는 멕시코 시장에 진출할 때, 현지 유통업체인 '시에라'와 협력하여 시장에 대한 이해를 높이고, 멕시코 소비자들의 요구에 맞춘 현지화된 상품 구성을 제공했다. 이를 통해 월마트는 멕시코에서 빠르게 성장하며, 현지에서 신뢰받는 유통업체로 자리 잡았다.

4. 현지 직원 채용과 교육

현지 직원을 채용하고, 그들이 브랜드의 가치와 비전에 맞추어 일할 수 있도록 교육하는 것도 중요한 현지화 전략이다. 현지 직원은 지역 문화와 소비자 행동을 더 잘 이해하고 있으므로, 고객 서비스와 매장 운영에서 더 나은 성과를 낼 수 있다.

이케아는 한국 시장에 진출할 때, 한국 소비자들의 특성과 요구를 잘 이해하기 위해 현지 직원을 적극적으로 채용하고 교육했다. 예를 들어, 이케아는 한국 소비자들이 큰 사이즈의 가구보다는 작은 아파트에 맞는 공간 절약형 가구를 선호한다는 점을 파악하고, 현지 직원과 함께 고객의 요구에 맞춘 가구를 제안하고 진열했다. 또한, 한국어로 된 설명서와 서비스를 제공하며, 현지 직원들이 직접 한국 고객들과 소통하고 맞춤형 서비스를 제공할 수 있도록 교육했다. 이로 인해 이케아는 한국 시장에서 성공적으로 정착하고, 한국 소비자들에게 친숙한 브랜드로 자리 잡을 수 있었다.

5. 현지 이벤트와 사회 공헌 활동

지역 사회에 기여하고, 현지 문화를 존중하는 모습을 보임으로써 브랜드의 이미지를 강화하고, 지역 소비자들의 신뢰와 호감을 얻는 것도 중요한 현지화 전략이다. 이를 위해 현지에서 의미 있는 이벤트나 사회 공헌 활동을 기획한다.

코카콜라는 한국에서 다양한 사회 공헌 활동을 통해 현지 소비자들과의 관계를 강화하고 있다. 예를 들어, 코카콜라는 "코카콜라 사랑의 열매 나눔 캠페인"을 통해 한국의 사회적 약자와 취약 계층을 돕기 위한 기부 활동을 꾸준히 펼쳐왔다. 코카콜라는 한국 사회에 기여하는 모습을 통해 브랜드 이미지를 긍정적으로 구축하고, 현지 소비자들에게 친밀감을 얻고 있다. 또한, 우리나라에서 개최된 환경 캠페인 "비치 코밍 데이"를 통해 자원봉사자들과 함께 해안가 쓰레기 청소 활동을 진행함으로써, 한국 사회에 긍정적인 변화를 이끌어 내고자 하는 브랜드의 의지를 보여주고 있다.

글로벌 브랜드의 현지화 전략이 주는 교훈

글로벌 브랜드의 현지화 전략은 단순히 제품이나 서비스를 그대로 제공하는 것이 아니라, 각 지역의 문화와 소비자 요구에 맞추어 변화하는 것을 의미한다. 이를 통해 브랜드는 글로벌 시장에서 일관된 이미지를 유지하면서도, 지역별로 더욱 깊은 신뢰와 호감을 얻을 수 있다. 따라서 글로벌 브랜드가 성공적으로 확장하기 위해서는 현지화 전략을 잘 설계하고 실행하는 것이 필수적이다.

마케팅 사례

맥도날드(McDonald's)의 현지화 마케팅 전략

맥도날드(McDonald's)는 전 세계에서 가장 널리 알려진 패스트푸드 체인 중 하나로, 글로벌 브랜드로서의 일관성을 유지하면서도 각 지역의 문화와 소비자 요구에 맞춰 현지화 전략을 효과적으로 수행하고 있다. 이러한 현지화 전략 덕분에 맥도날드는 세계 여러 나라에서 성공적으로 자리 잡을 수 있었다.

맥도날드가 어떻게 각 지역에 맞춘 현지화 마케팅 전략을 사용하고, 이를 통해 소비자들의 마음을 사로잡았는지 알아보자.

맥도날드의 현지화 마케팅 전략

1. 메뉴의 현지화
맥도날드는 각국의 음식 문화와 소비자 선호도를 반영하여 메뉴를 현지화한다. 전 세계적으로 인기 있는 빅맥(Big Mac)과 프렌치프라이

같은 기본 메뉴는 유지하되, 각 지역의 독특한 입맛을 반영한 메뉴를 추가로 제공한다. 이를 통해 현지 소비자들이 친숙하게 느끼고 선호하는 메뉴를 선택할 수 있도록 한다.

한국과 인도에서의 현지화된 메뉴(예시)
- 한국 : 불고기 버거와 상하이 스파이시 치킨 버거 등 한국의 입맛에 맞춘 메뉴를 선보였다. 불고기 버거는 우리나라 전통 음식인 불고기의 맛을 패티에 담아낸 것으로, 소비자들에게 큰 인기를 끌고 있다. 상하이 스파이시 치킨 버거는 한국인들이 좋아하는 매운맛을 가미해 현지화된 메뉴로 자리 잡았다.
- 인도 : 인도는 소고기를 먹지 않는 힌두교와 돼지고기를 금하는 이슬람교 인구가 많다. 따라서 맥도날드는 인도에서 '마하라자 맥(Maharaja Mac)'과 같은 채식 및 치킨 버거를 제공한다. 이는 현지 식문화를 존중하고, 인도의 다양한 소비자 층을 만족시키는 전략이다.

2. 현지 문화와 트렌드 반영한 광고 캠페인

맥도날드는 글로벌 브랜드의 이미지를 유지하면서도 각 지역의 문화와 트렌드를 반영한 광고 캠페인을 진행한다. 이를 통해 현지 소비자들에게 더 큰 공감과 친밀감을 형성하고, 브랜드에 대한 긍정적인 이미지를 강화한다.

한국에서의 광고 캠페인(예시)

맥도날드는 우리나라에서 한국인들의 정서에 맞춘 광고를 제작해 현지 소비자들에게 친숙한 이미지를 전달했다. 예를 들어, 우리나라의 전통 명절인 추석이나 설날에는 가족이 함께 맥도날드에서 즐기는 장면을 담은 광고를 방영해 가족 간의 화합과 즐거움을 강조했다. 또한, 우리나라의 젊은 층을 겨냥한 '맥도날드 딜리버리(배달 서비스)' 광고는 바쁜 현대인의 라이프스타일을 반영하여 소비자들의 일상에 자연스럽게 녹아들도록 했다.

3. 현지 사회에 기여하는 활동

맥도날드는 각 지역의 사회적 요구와 관심사에 맞춘 다양한 사회 공헌 활동을 통해 브랜드 이미지를 강화한다. 이를 통해 소비자들로 하여금 맥도날드를 단순한 패스트푸드 체인이 아니라, 지역 사회의 일원으로 인식하도록 만든다.

한국에서의 사회 공헌 활동(예시)

맥도날드는 우리나라에서 '맥해피 데이' 같은 사회 공헌 활동을 통해 지역 사회에 기여하고 있다. 맥해피 데이는 매년 전 세계에서 동시에 진행되는 행사로, 우리나라에서는 이 날의 판매 수익금의 일부를 어린이 병원과 같은 지역 사회 단체에 기부한다. 이를 통해 맥도날드는 소비자들에게 긍정적인 브랜드 이미지를 구축하고, 지역 사회와의 유대감을 강화하고 있다.

4. 현지 소비자 참여형 마케팅

맥도날드는 현지 소비자들이 직접 참여할 수 있는 마케팅 활동을 통해 브랜드와 소비자 간의 소통을 강화하고, 충성도를 높이는 전략을 사용한다. 현지 소비자들이 브랜드의 일부분으로 느끼도록 만드는 것이다.

한국의 맥도날드 '패밀리 워킹 페스티벌'(예시)

우리나라에서 맥도날드는 '패밀리 워킹 페스티벌'이라는 고객 참여형 마케팅 캠페인을 진행했다. 이 캠페인은 고객들이 가족과 함께 참여하여 4km를 걷는 행사로, 참가비는 전액 어린이 병원과 같은 사회단체에 기부되며, 고객들에게는 다양한 기념품을 제공한다. 이를 통해 고객들은 단순한 소비자로서의 역할을 넘어 지역 사회의 일원으로 기여하는 경험을 하게 되고, 맥도날드와의 긍정적인 관계를 강화할 수 있다.

맥도날드의 현지화 마케팅 전략이 주는 교훈

맥도날드의 현지화 마케팅 전략은 글로벌 브랜드로서의 일관된 이미지를 유지하면서도, 각 지역의 문화와 소비자 요구에 맞춰 다양한 접근 방식을 사용함으로써 큰 성공을 거두었다. 이를 통해 맥도날드는 각국의 소비자들이 친근하게 느끼고 선호하는 브랜드가 되었으며, 전 세계 시장에서 강력한 입지를 확보할 수 있었다. 이 사례는 글로벌 브랜드가 현지 시장에서 경쟁력을 갖추기 위해서는 지역적 특성을 반영한 현지화 전략이 필수적임을 잘 보여준다.

11장

마케팅 성과 측정과 데이터 활용

마케팅 성과를 측정하고 데이터를 활용해 더 나은 마케팅 전략을 수립하는 방법을 설명한다. 주요 성과 지표와 분석 도구를 소개하며, 넷플릭스의 데이터 활용 사례를 통해 데이터 기반 마케팅 의사결정의 중요성을 논의한다.

01
주요 성과 지표와 분석 도구

주요 성과 지표(KPI : Key Performance Indicators)는 마케팅 활동이 얼마나 효과적인지를 측정하고 평가하기 위해 사용하는 지표다. KPI는 기업이 설정한 목표를 얼마나 잘 달성하고 있는지를 구체적으로 보여주는 중요한 기준이 된다. 마케팅에서 KPI를 사용하는 이유는 마케팅 캠페인이나 전략이 목표를 달성하는 데 얼마나 기여하고 있는지를 정량적으로 평가하고, 이를 기반으로 더 나은 의사 결정을 내리기 위함이다.

KPI는 각기 다른 마케팅 활동에 따라 다르게 설정될 수 있으며, 이를 측정하고 분석하는 데 여러 분석 도구가 사용된다. 이제 마케팅에서 주로 사용되는 성과 지표와 이를 측정하기 위한 분석 도구들을 살펴보자.

주요 성과 지표(KPI)

1. 웹사이트 방문자 수(Website Traffic)

웹사이트 방문자 수는 얼마나 많은 사람들이 브랜드의 웹사이트를 방문했는지를 보여주는 지표다. 이는 특정 기간 동안 웹사이트가 얼마나 인기를 끌었는지를 측정하는 기본적인 지표로 사용된다.

- 페이지뷰(Page Views) : 특정 페이지가 몇 번이나 조회되었는지를 나타냄.
- 세션(Session) : 사용자가 웹사이트에 머문 총 시간이나 방문 횟수를 측정.

2. 전환율(Conversion Rate)

전환율은 방문자가 웹사이트에서 특정 행동(예 : 제품 구매, 뉴스레터 가입, 폼 제출 등)을 완료한 비율을 나타낸다. 전환율은 마케팅 캠페인의 성공 여부를 평가하는 데 중요한 지표다. 예를 들어, 이메일 마케팅 캠페인에서 얼마나 많은 사람들이 이메일을 열고 링크를 클릭했는지를 통해 전환율을 확인할 수 있다.

전환율 = (전환된 방문자 수 / 전체 방문자 수) × 100%

3. 고객 획득 비용(CAC : Customer Acquisition Cost)

고객 획득 비용은 새로운 고객을 확보하는 데 드는 평균 비용을 의미한다. 이는 마케팅 비용의 효율성을 평가하는 중요한 지표로, 이 비용이 낮을수록 더 효율적인 마케팅 활동을 수행한 것으로 간주된다.

CAC = 총 마케팅 비용 / 새로운 고객 수

4. 고객 생애 가치(CLV : Customer Lifetime Value)

고객 생애 가치는 한 고객이 브랜드와의 관계를 유지하는 동안 창출할 수 있는 총 수익을 의미한다. CLV가 높을수록 고객이 브랜드에 대한 충성도가 높으며, 장기적으로 더 많은 가치를 제공하는 것으로 볼 수 있다.

CLV = (평균 구매 가치 × 구매 빈도) × 고객 유지 기간

5. 이메일 마케팅 지표(Email Marketing Metrics)

이메일 마케팅에서는 이메일 오픈율, 클릭률(CTR), 이탈률 등 다양한 지표를 사용해 성과를 측정한다.

- 오픈율 : 발송된 이메일 중 열어본 비율.
- 클릭률(CTR) : 이메일을 연 후 클릭한 링크의 비율.

- 이탈률 : 이메일 수신을 거부한 비율.

6. 소셜 미디어 참여도(Social Media Engagement)

소셜 미디어에서의 활동을 측정하는 지표로, 팔로워 수, 좋아요 수, 댓글 수, 공유 수 등을 포함한다. 소셜 미디어 참여도는 브랜드의 인지도와 고객 참여도를 나타내며, 브랜드의 메시지가 얼마나 잘 퍼지고 있는지를 평가하는 데 중요하다.

분석 도구

1. 구글 애널리틱스(Google Analytics)

구글 애널리틱스는 웹사이트 트래픽과 사용자 행동을 분석하는 가장 널리 사용되는 도구다. 웹사이트 방문자 수, 전환율, 고객 행동 패턴 등을 실시간으로 추적하고 분석할 수 있다. 이를 통해 웹사이트의 성과를 이해하고, 개선할 부분을 파악할 수 있다.

2. 허브스팟(HubSpot)

허브스팟은 고객 관계 관리(CRM)와 마케팅 자동화를 제공하는 도구로, 이메일 마케팅, 소셜 미디어 관리, 웹사이트 분석 등을 통해 다양한 KPI를 추적할 수 있다. 이를 통해 고객 획득 비용, 전환율, 고객 유지율 등을 분석하고, 맞춤형 마케팅 전략을 수립할 수 있다.

3. 세일즈포스(Salesforce)

세일즈포스는 CRM 플랫폼으로, 고객의 생애 가치를 추적하고, 고객 데이터를 분석하며, 이를 기반으로 효과적인 마케팅 전략을 수립하는 데 도움을 준다. 세일즈포스는 특히 B2B 마케팅에서 고객의 구매 패턴과 행동을 이해하는 데 유용하다.

4. 스프라우트 소셜(Sprout Social)

스프라우트 소셜은 소셜 미디어 관리와 분석 도구로, 소셜 미디어 참여도와 관련된 다양한 KPI를 추적할 수 있다. 이를 통해 브랜드의 소셜 미디어 전략을 평가하고, 개선할 수 있는 방안을 모색할 수 있다.

5. 메일침프(Mailchimp)

메일침프는 이메일 마케팅 도구로, 이메일 오픈율, 클릭률, 이탈률 등을 분석할 수 있다. 이를 통해 이메일 캠페인의 성과를 평가하고, 더 나은 결과를 얻기 위한 전략을 수립할 수 있다.

KPI와 분석 도구의 중요성

마케팅 성과를 측정하기 위한 주요 성과 지표(KPI)는 마케팅 활동의 효과를 평가하고, 개선할 수 있는 방향을 제시하는 데 중요한 역할을 한다. 또한, 이를 제대로 분석하기 위한 다양한 도구를 활용하면, 더욱 정교한 마케팅 전략을 수립하고, 목표를 효과적으로 달성할 수 있다. 따라서, 기업은 자신의 마케팅 목표에 맞는 KPI를 설정하고, 적절한 분석 도구를 사용해 지속적으로 성과를 모니터링해야 한다.

02
데이터 기반의 마케팅 의사결정

데이터 기반의 마케팅 의사결정은 고객 행동, 선호도, 시장 트렌드 등의 데이터를 활용해 마케팅 전략을 최적화하는 방법이다. 이는 감이나 경험에 의존하지 않고 구체적인 수치와 증거를 통해 더 나은 결과를 도출한다. 이를 통해 기업은 비용을 절감하고, 더 많은 고객에게 도달하며, 마케팅 효율성을 극대화할 수 있다.

데이터 기반 마케팅이 중요한 이유와 이를 어떻게 효과적으로 활용할 수 있는지 살펴보자.

데이터 기반 마케팅의 중요성

1. 더 정확한 고객 이해

데이터는 고객의 행동과 선호를 정확하게 이해하는 데 도움을 준다. 예를 들어, 웹사이트 방문자 수, 클릭률, 구매 패턴 등의 데이터를 통해 고객이 무엇을 좋아하고, 어떤 제품에 관심을 가지며, 구매 결정을 내리는 요인을 파악할 수 있다. 이를 바탕으로, 더 맞춤화된 마케팅 메시지를 전달하거나, 특정 고객 세그먼트에 맞는 제품을 추천할 수 있다.

아마존은 고객의 검색 기록, 구매 이력, 리뷰 등을 분석해 고객이 관심을 가질 만한 제품을 추천한다. 이를 통해 아마존은 고객의 만족도를 높이고, 판매율을 극대화할 수 있었다.

2. 더 나은 마케팅 성과 측정

데이터 기반 마케팅은 마케팅 성과를 명확하게 측정하고 분석할 수 있게 한다. 특정 캠페인이 얼마나 많은 매출을 발생시켰는지, 어떤 광고가 가장 효과적인지를 데이터로 확인할 수 있다. 이를 통해 기업은 어떤 전략이 성공적이고, 어떤 전략이 개선이 필요한지 빠르게 판단할 수 있다

넷플릭스는 마케팅 캠페인이나 새로운 기능을 출시할 때마다 A/B 테스트를 통해 어떤 버전이 더 나은 결과를 가져오는지 데이터를 기반으로 결정한다. 이를 통해 넷플릭스는 사용자 경험을 지속적으로 개선하고, 고객 이탈을 줄이는 효과를 얻고 있다.

3. 더 효율적인 자원 배분

데이터는 마케팅 예산을 어디에, 어떻게 배분해야 할지에 대한 통찰을 제공한다. 예를 들어, 데이터를 통해 특정 광고 채널에서 높은 전환율을 보인다면, 해당 채널에 더 많은 예산을 할당할 수 있다. 반대로, 성과가 낮은 채널에는 예산을 줄여 자원을 보다 효율적으로 사용할 수 있다.

구글 애드워즈를 통해 광고주들은 클릭당 비용(CPC), 전환율 등 다양한 데이터를 실시간으로 확인할 수 있다. 이를 통해 어떤 키워드가 가장 효과적인지 분석하고, 예산을 효과적으로 재배치할 수 있다.

데이터 기반 마케팅 의사결정 방법

1. 데이터 수집과 통합

먼저, 다양한 줄처에서 데이터를 수집하고 이를 통합하는 것이 중요하다. 고객의 웹사이트 방문 기록, 소셜 미디어 상호작용, 구매 이력, 고객 서비스 기록 등 여러 출처에서 데이터를 모아 통합된 데이터베이스를 구축한다. 이를 통해 고객의 전반적인 행동 패턴을 이해할 수 있다.

CRM 시스템은 고객과의 모든 상호작용을 기록하고, 이를 분석해 고객의 선호와 구매 패턴을 파악하는 데 사용된다. 이를 통해 기업은 보다 개인화된 마케팅 전략을 수립할 수 있다.

2. 데이터 분석 도구 활용

수집된 데이터를 분석하기 위해 적절한 도구를 사용하는 것이 필요하다. 구글 애널리틱스(Google Analytics), 파이썬(Python), R(데이터 분석 도구)과 같은 데이터 분석 도구를 활용하면 데이터를 시각화하고, 패턴을 발견하며, 의사결정을 위한 인사이트를 도출할 수 있다.

구글 애널리틱스를 사용하면 웹사이트 방문자의 행동을 추적하고, 전환율, 이탈률, 페이지 뷰 등을 분석하여 개선이 필요한 부분을 식별할 수 있다. 이를 통해 웹사이트 성과를 최적화하고, 마케팅 전략을 조정할 수 있다.

3. 의사결정의 데이터 적용

분석 결과를 바탕으로 마케팅 전략을 구체적으로 수정하고 실행한다. 예를 들어, 특정 제품이 특정 고객 그룹에서 높은 전환율을 보인다면, 해당 그룹을 타겟으로 한 맞춤형 마케팅 캠페인을 계획할 수 있다. 또는, 특정 광고가 예상보다 높은 반응을 얻지 못했다면, 데이터를 기반으로 광고 메시지나 디자인을 변경할 수 있다.

코카콜라는 "Share a Coke" 캠페인에서 각국의 소비자 반응 데이터를 분석해, 특정 이름이 들어간 병이 더 많이 팔리는지 확인했다. 이를 통해 해당 이름을 더 많이 생산하고, 새로운 이름을 추가해 판매를 더욱 촉진했다.

4. 피드백 루프 생성

데이터 기반 의사결정은 한 번으로 끝나지 않는다. 지속적으로 데이터를 수집하고, 이를 분석해 마케팅 전략을 조정하는 피드백 루프를 만드는 것이 중요하다. 이를 통해 시장 변화나 소비자 행동의 변화를 빠르게 반영하고, 마케팅 전략을 지속적으로 최적화할 수 있다.

페이스북은 광고성과 데이터를 실시간으로 분석하여, 자동으로 가장 효과적인 광고 소재를 더 많이 노출하는 알고리즘을 사용한다. 이를 통해 광고 효율성을 극대화하고, 광고비를 효과적으로 사용할 수 있다.

데이터 기반 마케팅 의사결정의 중요성

데이터 기반의 마케팅 의사결정은 기업이 보다 정확하고 효율적으로 목표를 달성할 수 있도록 돕는다. 데이터는 고객의 행동과 시장의 트렌드를 이해하고, 더 나은 전략을 수립하며, 마케팅 예산을 효율적으로 사용하는 데 중요한 역할을 한다. 기업이 데이터를 제대로 수집하고 분석하여 활용하면, 변화하는 시장 환경에서도 성공적인 마케팅을 유지할 수 있다.

마케팅 사례

넷플릭스(Netflix)의 데이터 활용 전략

넷플릭스(Netflix)는 전 세계적으로 가장 성공한 스트리밍 서비스 중 하나로, 데이터 분석과 활용을 마케팅 전략의 핵심 요소로 삼고 있다. 넷플릭스는 방대한 데이터를 수집하고, 이를 분석하여 고객의 취향을 정확히 이해함으로써 맞춤형 콘텐츠 추천, 사용자 경험 최적화, 콘텐츠 제작과 마케팅 전략을 정교하게 조정하고 있다. 이러한 데이터 활용 전략 덕분에 넷플릭스는 글로벌 시장에서 성공을 거두고 있다.

넷플릭스가 어떻게 데이터를 활용해 마케팅과 비즈니스 전략을 최적화하는지 알아보자.

넷플릭스의 데이터 활용 전략

1. 개인화된 콘텐츠 추천 시스템

넷플릭스의 가장 큰 강점 중 하나는 개인화된 추천 시스템이다. 넷플릭스는 매일 수억 건의 사용자 데이터를 수집하여, 각 사용자가 어떤 콘텐츠를 시청하는지, 시청 시간을 얼마나 오래 하는지, 어떤 장르와 배우를 선호하는지를 분석한다. 이러한 데이터를 바탕으로 사용자가 선호할 만한 영화나 TV 프로그램을 추천한다.

넷플릭스의 추천 알고리즘은 사용자가 이전에 시청한 콘텐츠를 바탕으로 유사한 장르, 주제, 출연진의 콘텐츠를 추천한다. 예를 들어, 한 사용자가 범죄 드라마를 좋아한다면, 넷플릭스는 다른 범죄 드라마나 이와 유사한 스릴러 장르의 콘텐츠를 추천 목록에 표시한다. 이러한 개인화된 추천 덕분에 사용자는 자신이 좋아할 만한 콘텐츠를 쉽게 찾을 수 있어, 넷플릭스에 더 오래 머물고, 더 자주 이용하게 된다.

2. A/B 테스트를 통한 사용자 경험 최적화

넷플릭스는 사용자 경험을 최적화하기 위해 A/B 테스트를 광범위하게 활용한다. A/B 테스트란 두 가지 다른 버전의 콘텐츠나 기능을 제공하고, 어느 버전이 더 나은 결과를 내는지 데이터를 기반으로 비교하는 방법이다.

넷플릭스는 콘텐츠의 썸네일 이미지(대표 이미지)조차도 A/B 테스트를 통해 최적화한다. 예를 들어, 동일한 드라마의 썸네일을 여러 가지 디자인으로 준비한 뒤, 어떤 이미지가 사용자로부터 더 많은 클릭을 유도하는지 분석한다. 이를 통해 가장 클릭률이 높은 이미지를 선택하여 더 많은 사용자들이 해당 콘텐츠를 시청하도록 유도한다. 이처럼 작은 변화 하나하나도 데이터에 기반하여 의사결정을 내리기 때문에 사용자 경험을 지속적으로 개선할 수 있다.

3. 데이터 기반의 콘텐츠 제작

넷플릭스는 데이터 분석을 통해 어떤 종류의 콘텐츠가 가장 인기가 있고, 어떤 장르와 주제가 특정 지역이나 사용자 그룹에서 인기가 있는지를 파악한다. 이를 바탕으로 넷플릭스는 데이터에 기반한 콘텐츠 제작 전략을 수립하고, 오리지널 시리즈나 영화 제작에 투자한다. 넷플릭스의 첫 번째 오리지널 시리즈 '하우스 오브 카드(House of Cards)'는 철저한 데이터 분석을 통해 제작된 사례다. 넷플릭스는 정치 드라마에 대한 시청자들의 선호도, 케빈 스페이시와 데이비드 핀처와 같은 배우와 감독의 인기를 분석하고, 이들을 결합한 오리지널 콘텐츠를 제작하기로 결정했다. 그 결과, '하우스 오브 카드'는 큰 성공을 거두었고, 넷플릭스의 오리지널 콘텐츠 전략이 성공적인 출발을 힐 수 있게 되었다.

4. 구독 유지와 이탈 방지

넷플릭스는 구독자가 서비스를 유지하도록 다양한 데이터를 활용한다. 사용자 활동 데이터를 분석하여 어떤 시점에 구독자가 이탈할 가능성이 높은지를 예측하고, 이를 기반으로 맞춤형 알림이나 추천 콘텐츠를 제공하여 이탈을 방지한다.

넷플릭스는 사용자가 오랫동안 로그인을 하지 않거나, 특정 시리즈의 시청을 멈춘 경우, 해당 사용자에게 맞춤형 이메일을 보내 콘텐츠 추천을 한다. 예를 들어, "마지막으로 보신 '스트레인저 씽즈(STRANGER THINGS)'의 다음 에피소드가 궁금하지 않으신가요?"와 같은 이메일을 보내, 사용자의 관심을 다시 끌어들이는 것이다. 이를 통해 구독자가 서비스를 더 오래 유지하도록 유도한다.

넷플릭스의 데이터 활용 전략이 주는 교훈

넷플릭스는 데이터를 활용하여 고객의 행동과 선호를 깊이 이해하고, 이를 바탕으로 맞춤형 서비스를 제공함으로써 마케팅 효과를 극대화하고 있다. 개인화된 추천 시스템, A/B 테스트, 데이터 기반의 콘텐츠 제작, 사용자 경험 최적화 등 넷플릭스의 전략은 기업이 어떻게 데이터를 활용하여 고객과의 관계를 강화하고, 시장에서 경쟁 우위를 확보할 수 있는지를 잘 보여주는 사례다. 데이터 기반의 접근이 얼마나 강력한 결과를 가져올 수 있는지 넷플릭스의 성공 사례를 통해 확인할 수 있다.

12장

효과적인 마케팅 전략을 위한 체크리스트

성공적인 마케팅 전략을 수립하기 위한 10가지 핵심 포인트를 소개하고, 실무에서 바로 활용할 수 있는 팁과 조언들을 제공한다. 이를 통해 마케팅 전략의 효율성을 높이고 실질적인 성과를 달성하는 방법을 제시한다.

마케팅 전략 수립의 10가지 핵심 포인트

마케팅 전략을 효과적으로 수립하기 위해서는 여러 요소를 종합적으로 고려해야 한다. 이 체크리스트는 기업이 마케팅 목표를 달성하고, 시장에서 성공을 거두기 위해 반드시 점검해야 할 10가지 핵심 포인트를 정리한 것이다.

1. 명확한 목표 설정

먼저, 마케팅 전략의 첫 번째 단계는 명확한 목표를 설정하는 것이다. 목표가 명확해야 전략이 효과적으로 수립될 수 있다. 예를 들어, "매출 10% 증가"나 "브랜드 인지도 20% 상승"과 같이 구체적이고 측정 가능한 목표를 설정해야 한다. 명확한 목표가 없으면 마케팅 활동의 성과를 평가하기 어렵다.

2. 목표 고객 정의

어떤 제품이나 서비스를 제공하든, 누구를 대상으로 하는지 명확히 정의해야 한다. 이를 위해 대상 고객의 연령, 성별, 직업, 취미, 소득 수준 등을 분석해 구체적으로 정리한다. 예를 들어, 20대 직장인을 대상으로 하는 브랜드라면, 이들의 라이프스타일과 소비 패턴에 맞춘 마케팅 전략을 수립해야 한다.

3. 시장 조사 및 경쟁 분석

마케팅 전략을 수립하기 전에, 시장 조사를 통해 현재 시장 상황을 파악하고, 경쟁사를 분석해야 한다. 이를 통해 시장의 트렌드, 소비자 요구, 경쟁사의 강점과 약점을 이해하고, 이에 맞춰 차별화된 전략을 세울 수 있다. 예를 들어, 경쟁사가 고급 이미지를 내세우고 있다면, 가격 경쟁력을 강조하는 전략을 사용할 수 있다.

4. 핵심 메시지 개발

고객에게 전달할 핵심 메시지를 명확히 정의해야 한다. 이 메시지는 브랜드가 제공하는 가치와 차별화된 점을 간결하고 명확하게 전달해야 한다. 예를 들어, 애플은 "Think Different"라는 메시지를 통해 혁신적이고 창의적인 브랜드 이미지를 강조했다.

5. 마케팅 믹스(4P) 전략 수립

제품(Product), 가격(Price), 유통(Place), 촉진(Promotion)의 4P 요소를 조화롭게 설계하는 것이 중요하다. 예를 들어, 고급 화장품 브랜드라면 고급스러운 패키지와 프리미엄 가격, 특정 고급 매장에서의 판매, 세련된 광고 캠페인이 필요하다. 각 요소가 서로 일관성을 유지해야 전략의 효과를 극대화할 수 있다.

6. 예산 설정과 자원 할당

마케팅 활동에 투입될 예산을 설정하고, 자원을 효율적으로 할당해야 한다. 예산이 충분하지 않은 경우, 가장 효과가 높은 채널과 활동에 집중해야 한다. 예를 들어, 소셜 미디어 광고가 효과적이라면, 여기에 더 많은 자원을 할당할 수 있다.

7. 마케팅 채널 선택

타겟 고객이 주로 사용하는 마케팅 채널을 선택해야 한다. 예를 들어, 젊은 층을 대상으로 하는 브랜드라면 인스타그램이나 유튜브와 같은 소셜 미디어 채널이 효과적일 수 있다. 반면, B2B 기업의 경우 이메일 마케팅이나 LinkedIn 같은 전문적인 채널이 더 적합할 수 있다.

8. 성과 지표(KPI) 설정

마케팅 활동의 효과를 측정하기 위해 성과 지표(KPI)를 설정한다.

예를 들어, 웹사이트 방문자 수, 전환율, 고객 획득 비용(CAC), 고객 생애 가치(CLV) 등이 KPI가 될 수 있다. 이러한 지표를 통해 마케팅 전략의 성공 여부를 평가하고, 필요한 경우 전략을 조정할 수 있다.

9. 실행 계획 수립

마케팅 전략을 구체적인 실행 계획으로 전환해야 한다. 실행 계획에는 각 마케팅 활동의 일정, 담당자, 목표, 예산 등이 포함된다. 이렇게 구체적으로 계획을 세워야 전략이 원활하게 진행되고, 목표에 더 빨리 도달할 수 있다.

10. 지속적인 모니터링과 피드백

마케팅 전략은 한 번 설정하고 끝나는 것이 아니다. 지속적으로 모니터링하고, 피드백을 통해 개선해야 한다. 이를 위해 KPI를 정기적으로 확인하고, 데이터 분석을 통해 전략의 성과를 평가한다. 필요 시, 시장 변화나 소비자 반응에 맞춰 전략을 수정한다.

마케팅 전략 수립의 핵심 포인트

이 10가지 핵심 포인트를 체크리스트로 활용하면, 효과적인 마케팅 전략을 수립하고 성공적으로 실행할 수 있다. 목표 설정부터 실행 계획까지 체계적으로 접근함으로써, 마케팅 활동의 성과를 극대화하고 기업의 성장에 기여할 수 있다.

성공적인 마케팅을 위한 팁과 조언

성공적인 마케팅을 위해서는 전략적인 접근과 함께, 현실적인 팁과 조언을 따르는 것이 중요하다. 마케팅 활동을 계획하고 실행할 때 유용한 조언을 통해 더 큰 성과를 얻을 수 있다. 여기서는 마케팅 전문가가 알려주는 성공적인 마케팅을 위한 8가지 실용적인 팁과 조언을 소개한다.

1. 고객 중심 사고 유지하기

모든 마케팅 활동의 시작은 고객이 원하는 것과 그들의 문제를 해결하는 데 집중하는 것이다. 고객의 피드백을 수집하고 반영하여 제품, 서비스, 마케팅을 개선해야 한다.

2. 간결하고 명확한 메시지 전달

복잡한 광고보다 간단하고 명확한 메시지를 전달하는 것이 효과적이다. 핵심 가치를 쉽게 이해하고 기억할 수 있는 한 줄 슬로건을 사용하는 것이 좋다.

3. 일관된 브랜드 경험 제공

모든 채널에서 일관된 브랜드 메시지와 비주얼을 유지하여 고객에게 신뢰를 주고, 일관된 경험을 제공한다.

4. 데이터 활용

고객 행동과 소비 트렌드, 캠페인 성과를 분석하여 데이터에 기반한 결정을 내리고, 전략을 조정해 성공적인 마케팅 결과를 얻는다.

5. 사회적 책임 강조

브랜드의 사회적 책임을 강조하여 고객의 지지를 얻는다. 예를 들어, 친환경 제품 출시나 사회적 문제 해결 캠페인을 통해 소비자의 공감을 이끌어낸다.

6. 지속적인 고객 소통 유지

고객과의 지속적인 소통을 유지하고, 빠르게 응답하며, 적절한 피드백을 제공하여 고객의 니즈와 기대를 충족시킨다. 정기적으로 이메일

뉴스레터나 소셜 미디어 게시물을 통해 연결을 유지한다.

7. 창의적인 콘텐츠 마케팅 활용

흥미로운 블로그, 동영상, 이미지, 소셜 미디어 콘텐츠를 통해 고객의 관심과 참여를 유도하며 브랜드 인지도를 높인다.

8. 변화에 빠르게 대응

새로운 기술과 소비자 트렌드에 민첩하게 대응하고, 이를 전략에 반영하여 마케팅 기회를 탐색한다.

성공적인 마케팅을 위한 조언

성공적인 마케팅은 고객의 기대와 시장의 변화를 이해하고, 이에 맞춰 유연하고 전략적으로 접근하는 것에서 시작된다. 고객 중심의 사고를 유지하고, 데이터를 적극 활용하며, 일관된 브랜드 경험을 제공하고, 지속적으로 고객과 소통하는 것이 중요하다. 이와 함께 창의적인 콘텐츠를 활용하고, 사회적 책임을 강조하는 마케팅을 통해 브랜드에 대한 긍정적인 인식을 쌓을 수 있다. 이러한 팁과 조언을 통해 마케팅 활동의 성과를 더욱 높일 수 있다.

사례로 배우는 핵심 스킬
누구나 쉽게 배우는 실전 마케팅 전략

초판 1쇄 인쇄 2024년 10월 20일
초판 1쇄 발행 2024년 10월 25일

지은이 백미르
펴낸이 백광석
펴낸곳 다온길

출판등록 2018년 10월 23일 제2018-000064호
전자우편 baik73@gmail.com

ISBN 979-11-6508-625-1 (13320)

이 책은 저작권법에 따라 보호받는 저작물이므로 무단 전재와 무단 복제를 금지하며, 이 책 내용의 전부 또는 일부를 이용하려면 반드시 저작권자와 다온길의 서면동의를 받아야 합니다.

잘못 만들어진 책은 구입하신 서점에서 교환해 드립니다.
책값은 뒤표지에 있습니다.